PALESTRA

- per le prove INVALSI
  aggiornate al 28 febbraio 2011
- per le competenze

Studente ______________________________

Classe ______________________________

Le Prove INVALSI sono di **Alessandra Terrile**
con contributi di **Lisa Beltramo**,
Carmela Musello e **Raffaella Tortora**
eccetto le Prove sui testi *Anche l'uomo delle caverne scriveva sui muri?*, *La lettura dei libri in Italia, Il lavoro minorile* e *La seconda vita dei rifiuti hi-tech*
che sono di **Massimiliano Singuaroli**
con contributi di **Lisa Beltramo**.

Le Prove di valutazione delle competenze
sono state curate da **Emilio Brambilla**

Progettazione editoriale
Monica Pedralli
Camilla Saraceno

Coordinamento della realizzazione editoriale
Marco Palvarini

Progettazione grafica
Renata Cortese, Giuseppe Stefanelli

LIBRI DI TESTO E SUPPORTI DIDATTICI
La Casa Editrice è certificata in conformità alla norma **UNI EN ISO 9001:2008** per l'attività di **progettazione, realizzazione e commercializzazione di prodotti editoriali scolastici, lessicografici, universitari e di varia.**
CISQCERT

978 88 7952 4971B
978 88 424 35105C
978 88 424 35730B
978 88 424 43124C
978 88 424 35990

Stampato per conto della casa editrice presso
La Tipografica Varese S.p.A., Varese

Ristampa	Anno
1 2 3 4 5	12 13 14 15 16

Una Palestra per esercitarsi

LE PROVE MODELLO INVALSI

Nella prima parte di questa *Palestra* sono proposte **quattro esercitazioni** strutturate sul modello delle prove nazionali INVALSI, che le classi seconde della scuola secondaria di secondo grado devono sostenere ai fini della valutazione del sistema scolastico italiano e della rilevazione dell'apprendimento degli studenti.

Le prove INVALSI di italiano sono relative alla **competenza di lettura**, intesa come **comprensione**, **interpretazione** e **valutazione** di testi scritti di vario tipo. Tale competenza è ulteriormente articolata in tre sottocompetenze:

- **pragmatico-testuale**: si intende la capacità di ricostruire l'insieme dei significati del testo, insieme al modo in cui sono veicolati; in altri termini, l'organizzazione logico-concettuale e formale del testo, in rapporto con il contesto;
- **lessicale**: è intesa come la conoscenza o la capacità di ricostruire il significato di un vocabolo in un determinato contesto e le relazioni di significato tra vocaboli in vari punti del testo;
- **grammaticale**: è considerata come la capacità di individuare le strutture morfosintattiche della frase e le strutture interpretative in funzione della loro pertinenza testuale.

Ogni prova si compone di due parti. La prima è costituita da più testi ai quali fanno riferimento una serie di quesiti; le tipologie dei testi proposti sono tre: testi continui, non continui (grafici, tabelle, mappe) e misti (composti da un testo continuo accompagnato da figure, tabelle ecc.). I testi appartengono alle due categorie dei testi letterari e non letterari. I quesiti sono a risposta chiusa (semplici o composti da più item) e a risposta aperta (univoca o articolata).

La seconda parte della prova è costituita da quesiti grammaticali - aperti e chiusi - che intendono rilevare la capacità di riflettere sulla lingua e di usarla correttamente.

LE PROVE DI VALUTAZIONE DELLE COMPETENZE

La seconda parte della *Palestra* propone **dieci prove per la valutazione delle competenze**, al fine di offrire momenti di verifica lungo il percorso didattico del biennio, in preparazione alla certificazione prevista al termine del secondo anno, quando gli studenti riceveranno da parte dell'istituzione scolastica un'attestazione del livello delle competenze acquisite nell'assolvimento dell'obbligo di istruzione.

Le competenze attese relativamente alla lingua italiana si inseriscono nell'asse dei linguaggi, e sono così definite:

1. **padroneggiare gli strumenti espressivi e argomentativi** indispensabili per gestire l'interazione comunicativa verbale in vari contesti;
2. **leggere, comprendere e interpretare** testi scritti di vario tipo;
3. **produrre testi** di vario tipo in relazione ai differenti scopi comunicativi.

Accanto alle competenze relative all'asse dei linguaggi, il Ministero dell'Istruzione, dell'Università e della Ricerca in linea con la Raccomandazione del Parlamento europeo, indica anche otto competenze chiave di cittadinanza o trasversali: imparare a imparare, progettare, comunicare, collaborare e partecipare, agire in modo autonomo e responsabile, risolvere problemi, individuare collegamenti e relazioni, acquisire e interpretare l'informazione.

Le prove qui proposte sono così articolate:

- tre prove per verificare il livello con cui si padroneggiano gli strumenti espressivi e argomentativi indispensabili per gestire l'interazione comunicativa verbale in vari contesti;
- tre prove relative alla lettura, comprensione e interpretazione di testi non letterari di diverse tipologie;
- quattro prove relative alla produzione scritta di testi di varie tipologie e finalità comunicative.

Ciascuna prova precisa di volta in volta anche le **competenze chiave di cittadinanza** coinvolte nell'esecuzione della consegna.

Le prove sono corredate di una **griglia di valutazione** che permette di individuare i livelli di competenza raggiunti (livello base non raggiunto - livello base - livello intermedio - livello avanzato).

INDICE

Prove modello INVALSI

Prova 1

Prova 2

Prova 3

Prova 4

Prove per la valutazione delle **COMPETENZE**

PROVE
modello
INVALSI

aggiornate
al 28 febbraio 2011

Prova 1

NOME ____________________ CLASSE ____________________

COGNOME ____________________ DATA ____________________

Prima parte della prova di italiano: lettura

I giorni perduti

Qualche giorno dopo aver preso possesso della sontuosa villa, Ernest Kazirra, rincasando, avvistò da lontano un uomo che con una cassa sulle spalle usciva da una porticina secondaria del muro di cinta e caricava la cassa su di un camion.

Non fece in tempo a raggiungerlo prima che fosse partito. Allora lo inseguì in auto. E il camion fece una lunga strada, fino all'estrema periferia della città, fermandosi sul ciglio di un vallone. Kazirra scese dall'auto e andò a vedere.

Lo sconosciuto scaricò la cassa dal camion e, fatti pochi passi, la scaraventò nel dirupo che era colmo di migliaia e migliaia di altre casse uguali.

Si avvicinò all'uomo e gli chiese: –Ti ho visto portar fuori quella cassa dal mio parco. Cosa c'era dentro? E cosa sono tutte queste casse?

Quello lo guardò e sorrise: – Ne ho ancora sul camion, da buttare. Non sai? Sono i giorni.

– Che giorni?

– I giorni tuoi.

– I miei giorni?

– I tuoi giorni perduti. I giorni che hai perso. Li aspettavi, vero? Sono venuti. Che ne hai fatto? Guardali, intatti, ancora gonfi. E adesso?

Kazirra guardò. Formavano un mucchio immenso.

Scese giù per la scarpata e ne aprì uno.

C'era dentro una strada d'autunno, e in fondo Graziella, la sua fidanzata, che se n'andava per sempre. E lui neppure la chiamava.

Ne aprì un secondo e c'era dentro una camera d'ospedale, e sul letto suo fratello Giosuè che stava male e lo aspettava. Ma lui era in giro per affari.

Ne aprì un terzo. Al cancelletto della vecchia misera casa stava Duk, il fedele mastino, che lo aspettava da due anni, ridotto pelle e ossa. E lui non si sognava di tornare.

Si sentì prendere da una certa cosa qui, alla bocca dello stomaco. Lo scaricatore stava dritto sul ciglio del vallone, immobile come un giustiziere.

– Signore! – gridò Kazirra. – Mi ascolti. Lasci che mi porti via almeno questi tre giorni. [...] Almeno questi tre. Io sono ricco. Le darò tutto quello che vuole.

Lo scaricatore fece un gesto con la destra, come per indicare un punto irraggiungibile, come per dire che era troppo tardi e che nessun rimedio era più possibile. Poi svanì nell'aria, e all'istante scomparve anche il gigantesco cumulo delle casse misteriose. E l'ombra della notte scendeva.

(da D. Buzzati, *I giorni perduti*, in *Centottanta racconti*, Mondadori, Milano 1982)

A1 Che cosa rivela lo sconosciuto a Kazirra?

☐ A. Il contenuto delle casse.
☐ B. La malattia del fratello.
☐ C. Il dolore della fidanzata.
☐ D. La delusione del cane.

A2 Che cosa rappresentano i giorni perduti?

☐ A. I giorni che Kazirra non ha vissuto.
☐ B. I giorni in cui Kazirra non ha lavorato.
☐ C. I giorni di festa.
☐ D. I giorni spesi per arredare la sontuosa villa.

A3 Chi rappresenta simbolicamente l'uomo delle casse?

☐ A. Un amico.
☐ B. La coscienza del protagonista.
☐ C. Uno scaricatore.
☐ D. Un mago.

A4 Nella frase «Scese giù per la scarpata e ne aprì uno» (riga 19) come potresti sostituire il pronome «ne»?

☐ A. Aprì uno dei camion.
☐ B. Aprì una delle casse.
☐ C. Aprì uno dei mucchi.
☐ D. Aprì uno dei giorni.

A5 Scegli tra le frasi seguenti quella che esprime meglio il significato globale del racconto.

☐ A. Ogni giorno della vita deve essere vissuto impegnandosi per ottenere la ricchezza e il successo.
☐ B. Se si insegue un sogno di ricchezza si può perdere ciò che conta davvero nella vita, cioè gli affetti.
☐ C. Bisogna condividere la propria ricchezza con le persone sconosciute.
☐ D. Bisogna diffidare degli sconosciuti e trascorrere la propria vita accumulando ricchezze per i propri cari.

A6 A un certo punto della narrazione il lettore è costretto ad attribuire alla storia raccontata un significato diverso da quello letterale. Individua e scrivi la frase che per prima rivela al lettore che il racconto non è di genere realistico, ma fantastico-simbolico.

....

....

A7 Due ragazze, Anna e Giulia, hanno letto il racconto. Anna pensa che attraverso l'invenzione di un personaggio fantastico (l'uomo delle casse) l'autore sia riuscito a interessare il lettore e a farlo riflettere sulla necessità di non sprecare la propria vita; Giulia invece pensa che la scelta di introdurre un personaggio non realistico induca il lettore a non prendere sul serio il contenuto e svuoti il messaggio della sua efficacia. Qual è il tuo giudizio? Giustifica la tua risposta con riferimento al testo.

....

....

....

....

Google, la scoperta che ha cambiato il mondo

Google è un motore di ricerca. Il più famoso, amato, e usato motore di ricerca del mondo. Un motore di ricerca è uno strumento inventato per orientarvi nel mare dei siti web. Voi scrivete cosa vi interessa ("lasagne") e lui vi dà la lista di tutti, dico tutti i siti in cui si parla di lasagne (3 milioni 360 mila, per la cronaca). Oggi, sul pianeta terra, se un umano accende un computer, nel 95% dei casi lo fa per effettuare una di queste due operazioni: scambiare mail e consultare un motore di ricerca. [...] Va detto che non è sempre stato così. Per quella singolare forma di miopia che contraddistingue lo sguardo di tutti i profeti che ci azzeccano, i primi padroni del web intuirono che ci saremmo fatti di mail, ma esclusero che saremmo andati ad usare quella roba senza senso che era un motore di ricerca. [...] Credo che avessero in mente il famoso ago nel pagliaio: non aveva senso cercare le cose in quel modo. Quello a cui credevano erano i portali: una delle idee che hanno fatto perdere più soldi negli ultimi dieci anni. Credevano, cioè, che tutti ci saremmo cercati un nostro fornitore di fiducia e a lui avremmo chiesto tutto: previsioni meteo, foto [...], news, musica, film e naturalmente anche la ricetta delle lasagne. Saremmo cioè entrati nell'immenso oceano del web scegliendo una porta particolare, a noi congeniale, che poi ci avrebbe indirizzato. Il portale, appunto. Oggi, pare, quasi nessuno si sogna di fare così. Non ci siamo cascati! (Spiegatemi perché dovrei farmi dire che tempo fa domani da Virgilio quando posso andare direttamente in un sito Meteo, senza dovermi sorbire tutta quell'altra paccottiglia: così abbiamo più o meno pensato). Insomma, non ci credevano: e mentre spendevano cifre da capogiro per i portali, i motori di ricerca languivano, facendo acqua da tutte le parti, e aspettavano il momento di sparire.

Quel che successe poi, fu che un paio di studenti [...] dell'Università di Stanford, stufi di usare Altavista perdendo il loro tempo, pensarono che era giunta l'ora di inventare un motore di ricerca come dio comanda. Andarono dal loro professore e gli dissero che quella sarebbe stata la loro ricerca di dottorato. Molto interessante, disse lui, poi dovette aggiungere una cosa tipo E adesso a parte gli scherzi ditemi cosa avete in mente di fare.

Non gli sfuggiva che per programmare un motore di ricerca bisognava, innanzitutto, scaricare l'intero web su un computer. Se non hai un mazzo di carte in mano, un mazzo con tutte le carte, non puoi inventare un gioco di bravura con cui trovarne una. Nel caso specifico si trattava di scaricare qualcosa come 300 milioni di pagine web. Ma in effetti non si sapeva nemmeno con esattezza fino a dove si spingesse il grande oceano, e tutti sapevano che ogni giorno disegnava spiagge nuove. Al prof. dovette apparire chiaro che quei due gli stavano proponendo di circumnavigare il globo su una vasca da bagno. La vasca da bagno era il computer assemblato che tenevano in garage.

Io me lo vedo che si lascia andare contro lo schienale e allungando le gambe chiede con un sorrisetto da barone: Intendete per caso scaricare l'intero web?

Lo stiamo già facendo, risposero loro.

Applausi.

(da A. Baricco, *I barbari. Saggio sulla mutazione*, Fandango, Roma 2006)

B1 Che cosa significa l'espressione «Per quella singolare forma di miopia che contraddistingue lo sguardo di tutti i profeti che ci azzeccano...» (righe 7-8)?

☐ A. Gli inventori del web non si resero conto delle potenzialità dei motori di ricerca.

☐ B. Gli inventori del web intuirono che i motori di ricerca avrebbero cambiato tutto.

☐ C. Gli inventori del web intuirono che i portali avrebbero cambiato tutto.

☐ D. Gli inventori del web spesero cifre da capogiro per i motori di ricerca.

B2 Qual era l'argomento della ricerca di dottorato scelta dai due studenti di Stanford?

☐ A. L'assemblamento di un portale.

☐ B. L'invenzione di un motore di ricerca funzionale.

☐ C. Un utilizzo più adeguato di Altavista.

☐ D. La circumnavigazione del globo.

B3 Perché il professore di Stanford reagisce con scetticismo alla proposta dei suoi due studenti?

....

....

B4 Nella frase «Molto interessante, disse lui, poi dovette aggiungere una cosa tipo E adesso a parte gli scherzi ditemi cosa avete in mente di fare» (righe 27-29) la punteggiatura è irregolare. Riscrivila inserendo i segni di punteggiatura mancanti.

....

....

B5 Che cosa intende dimostrare l'autore del testo?

☐ A. Sono più efficienti i portali rispetto ai motori di ricerca.

☐ B. I motori di ricerca e i portali sono ambedue efficienti.

☐ C. È più efficiente il motore di ricerca rispetto al portale.

☐ D. I motori di ricerca e i portali sono ambedue inefficienti.

B6 Considera lo stile dell'articolo: l'autore ha deciso di rivolgersi al lettore in modo informale, quasi amichevole, con largo uso di espressioni che appartengono al registro colloquiale. Ti pare che questa scelta aumenti l'efficacia espressiva e comunicativa del discorso oppure la ritieni inadeguata? Spiega la tua risposta con riferimento al testo.

....

....

....

B7 Qual è l'argomento centrale del testo?

☐ A. L'inefficienza di Google.

☐ B. L'invenzione di Google.

☐ C. Le caratteristiche dei portali.

☐ D. La nascita e il fallimento dei portali.

Anche l'uomo delle caverne scriveva sui muri?

Genevieve von Petzinger e April Nowell, dell'Università di Victoria (British Columbia, Canada), hanno analizzato gli affreschi presenti in 146 caverne preistoriche francesi. Sulle mura di queste grotte, a fianco di dipinti raffiguranti animali e più raramente uomini, si trovano anche segni di vario tipo finora poco studiati. Si tratta di punti, linee, cerchi, triangoli ma anche segni più complessi come spirali o impronte di mani, che von Petzinger ha inserito in un database arrivando ad un risultato sorprendente: 26 di questi segni si ripetono in quasi tutti i siti archeologici.

Secondo le studiose canadesi già questo indizio basterebbe a far credere che non si tratti di segni casuali ma di un vero e proprio sistema. I segni infatti potrebbero essere un linguaggio, una rappresentazione del pensiero astratto (per esempio la zanna di un mammut per indicare l'animale) utilizzati per condividere informazioni. In breve un primo passo verso la scrittura.

I SEGNI PIÙ COMUNI

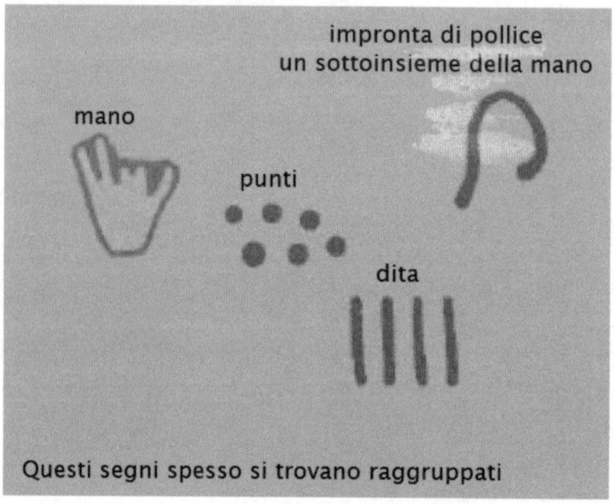

(adattato da www.focus.it)

C1 Dove si trovano gli affreschi analizzati dalle studiose canadesi?

☐ A. Canada.
☐ B. Inghilterra.
☐ C. Francia.
☐ D. America del Nord.

C2 «Queste grotte» (riga 3) sostituisce

☐ A. affreschi.
☐ B. 146 affreschi.
☐ C. affreschi in caverne preistoriche.
☐ D. caverne preistoriche francesi.

C3 Il termine «database» (riga 6) è un termine di origine

☐ A. latina.
☐ B. spagnola.
☐ C. italiana.
☐ D. inglese.

C4 Che cosa hanno notato le studiose canadesi analizzando i dipinti?

☐ A. Che si trovano in grotte preistoriche.
☐ B. Che vi sono dipinti che raffigurano animali e uomini.
☐ C. Che ci sono triangoli, punti, linee e cerchi.
☐ D. Che ci sono segni che si ripetono in quasi tutti gli affreschi.

C5 Quale delle seguenti parole non è sinonimo di «indizio» (riga 9)?

☐ A. Segno.
☐ B. Direzione.
☐ C. Indice.
☐ D. Traccia.

C6 «Secondo le studiose canadesi...» (riga 9), «I segni infatti potrebbero essere un linguaggio...» (righe 10-11): queste frasi esprimono

☐ A. un'ipotesi.
☐ B. una tesi.
☐ C. un dato.
☐ D. un'opinione.

C7 Quale scopo ha l'immagine che correda il testo?

☐ A. Aggiungere informazioni al testo.
☐ B. Visualizzare i dati presenti nel testo.
☐ C. Fornire esempi dei segni di cui si parla.
☐ D. Comunicare l'aspetto delle caverne.

C8 Lo studio di cui si parla nel testo riguarda

☐ A. la storia dell'uomo.
☐ B. la preistoria.
☐ C. i beni culturali francesi.
☐ D. la cultura e la società francesi.

Seconda parte della prova di italiano: grammatica

1 Indica se le forme del verbo «essere» evidenziate nel periodo seguente sono usate in funzione di copula o di predicato verbale: «C'è **stato** un equivoco sull'ora dell'appuntamento e non **sono** ancora pronta per uscire».

a. è stato: ....

b. sono: ....

2 Riscrivi la frase seguente correggendo gli errori ortografici: «Luca, per piacere, mentre scrivi la relazione fà attenzione alle note a pie di pagina!».

....

....

3 Nel periodo «Mio nonno trascorre le serate giocando a carte», quale tipo di subordinata è espressa con il gerundio?

☐ A. Strumentale.

☐ B. Temporale.

☐ C. Causale.

☐ D. Modale.

4 Scrivi accanto a ciascun verbo un nome da esso derivato.

a. Connettere: ....

b. Incoraggiare: ....

c. Crescere: ....

d. Accendere: ....

e. Cedere: ....

5 In ciascuno dei seguenti gruppi c'è una parola il cui significato comprende tutte le altre. Indicala con una crocetta, osservando bene l'esempio iniziale.

	A	B	C	D	E
	☐ **Gatto**	☒ **Animale**	☐ **Canarino**	☐ **Lucertola**	☐ **Puma**
1.	☐ Frumento	☐ Cereale	☐ Segale	☐ Avena	☐ Granoturco
2.	☐ Attrezzo	☐ Martello	☐ Sega	☐ Cacciavite	☐ Pinza
3.	☐ Merlo	☐ Tordo	☐ Cinciallegra	☐ Pettirosso	☐ Uccello
4.	☐ Casa	☐ Scuola	☐ Museo	☐ Edificio	☐ Fabbrica
5.	☐ Pera	☐ Mela	☐ Frutto	☐ Ciliegia	☐ Arancia

6 In quale delle seguenti frasi la preposizione «da» (semplice o articolata) introduce un complemento di origine o provenienza?

☐ A. Attento a non farti sorprendere dal professore mentre copi i compiti!
☐ B. È da molti anni che sono amico di Giulio.
☐ C. I migliori pistacchi italiani provengono da Bronte.
☐ D. Per l'umidità l'intonaco della chiesetta è stato danneggiato, ma è già stato ripristinato dal decoratore.

---

7 Quale delle seguenti coppie non contiene un falso alterato?

☐ A. La frangia - la frangetta.
☐ B. La mano - la manetta.
☐ C. La pulce - il pulcino.
☐ D. Il becco - il becchino.

---

8 Quale tra le seguenti parole o espressioni è un connettivo?

☐ A. In seguito.
☐ B. Inseguìto.
☐ C. Inseparabile.
☐ D. In azione.

NOME

CLASSE

Prova 2

COGNOME

DATA

Prima parte della prova di italiano: lettura

Il Sondar

– Il nostro è un lavoro duro ma quanto mai affascinante – disse il direttore del giornale al giovane giornalista neoassunto.

Il direttore del giornale fumava una sigaretta americana sulla poltrona girevole tedesca e teneva sulla lucidissima scrivania svedese due lustrissime scarpe inglesi che riflesse sembravano quattro scarpe inglesi.

Il neogiornalista era seduto rigido con aria umile, e teneva i piedi avvitati l'uno all'altro, cosicché sembrava che avesse una sola scarpa inglese.

– Il suo curriculum è buono, ma un diploma con lode alla scuola di giornalismo governativo non basta, dovrà farsi le ossa, impegnarsi duramente e imparare dai veterani. Sa quante difficoltà incontrerà, ragazzo mio?

Il direttore del giornale corrugò la fronte come chi sta per dire qualcosa di importante, il neoassunto spalancò gli occhi come chi si appresta a udire qualcosa di importante.

– Vede, tre cose la dovranno guidare nel suo lavoro presso di noi. *La prima* è la sua coscienza professionale e di cittadino.

Nel dire questo il direttore alzò un dito solenne, il giovane aspirante chinò la testa reverente.

– *La seconda*, naturalmente, *è il mio magistero*. Il direttore guardò fisso negli occhi il giovane giornalista, il quale restò indeciso se distogliere rispettosamente lo sguardo o virilmente sostenerlo, e nel dubbio intrecciò i bulbi oculari fino a raggiungere lo strabismo tipico dei gatti detti siamesi.

– *La terza cosa*, la può vedere sulla scrivania di ogni giornalista e anche sulla mia, è il Sondar SCE, ovvero Sondaggio Continuato di Efficienza.

Il direttore indicò lo schermo nero, rotondeggiante, ritto su uno stelo di metallo, che come un enorme girasole incombeva sulle loro teste. Il giovane giornalista lo osservò timoroso.

– Il suo funzionamento è semplice: poiché negli anni passati ci sono state molte, troppe polemiche sulla scarsa obiettività dell'informazione, e su pregiudiziali atteggiamenti "anti" o "filo" governativi, il governo ha deciso di affidare la questione a un arbitro imparziale. Il Sondar, appunto.

[...]

– Mentre lei lavora, giovanotto, l'istituto governativo di sondaggi segnala al Sondar, in ogni momento della giornata, il suo indice di gradimento presso i lettori. Dopo ogni articolo, verrà fatto subito un sondaggio. Finché lei manterrà alta la sua quota di popolarità, farà parte del nostro giornale. Quando essa si abbasserà, verrà licenziato. Ricordi bene: *il Sondar non perdona*!

Il direttore guardò il giovane giornalista per vedere se si era spaventato. Il giovane giornalista si era spaventato.

– Naturalmente, io stesso sono sottoposto al controllo del Sondar. Questo garantisce la democraticità del nostro giornale: siamo tutti sottoposti al giudizio popolare e questo è infinitamente meglio delle cosiddette libere opinioni. Ma il Sondar non la deve paralizzare, giovane collega! È evidente che se io sono arrivato così in alto, è perché conosco bene le regole del Sondar, so conciliare l'imparzialità delle notizie e la libertà della redazione. Io la guiderò, la consiglierò, la avvertirò quando lei rischierà di far arrabbiare il Sondar. Io sarò al tempo stesso il suo direttore e il suo garante. È chiaro? Ci sono domande?

– Sì – disse il giovane giornalista – cos'è quella luce rossa che si è accesa sul Sondar?

Il direttore sapeva che cosa significava la luce rossa. Il giovane giornalista no. Una voce femminile proveniente dal Sondar disse con ferma dolcezza:

– Signor direttore, ci dispiace informarla che nell'ultimo sondaggio odierno lei è sceso al ventunesimo posto della classifica di popolarità nazionale. Ciò non le consente di proseguire nel suo incarico. Ha tre minuti di tempo per raccogliere le sue cose. La ringraziamo del lavoro svolto e le formuliamo i nostri migliori auguri.

Il Sondar sputò una busta gialla. Il direttore raccolse rapidamente un paio di stilografiche, un'agenda, una foto della moglie, un revolver, un cagnolino di porcellana e per ultima la busta.

– È la mia liquidazione – disse con voce appena un po' alterata e uscì dalla stanza.

La luce rossa del Sondar si spense. Il giovane giornalista rimase solo per una ventina di secondi, dopodiché la porta si aprì ed entrò il nuovo direttore.

– Il nostro è un lavoro duro ma quanto mai affascinante – disse il direttore del giornale al giovane giornalista neoassunto.

(da S. Benni, *L'ultima lacrima*, Feltrinelli, Milano 1994)

A1 Che cosa significa l'espressione «teneva i piedi avvitati l'uno all'altro» (righe 6-7)?

☐ A. Teneva i piedi molto rilassati.

☐ B. Teneva i piedi molto uniti.

☐ C. Teneva i piedi molto lontani.

☒ D. Teneva i piedi incrociati.

A2 Quali delle seguenti caratteristiche, secondo il testo, ha il giornalista appena assunto? Metti una crocetta per ogni riga.

Caratteristiche	Sì	No
a. È giovane.	X	
b. È molto sicuro di sé.		X
c. È umile e rispettoso.	X	
d. Manifesta un grande orgoglio per i suoi titoli di studio.		X
e. Dialoga alla pari con il direttore.		X

A3 Alle righe 8-9 si legge che il giovane ha ottenuto «un diploma con lode alla scuola di giornalismo governativo». Spiega con le tue parole il significato dell'espressione, soffermandoti sull'aggettivo «governativo».

Un diploma con il massimo voto alla scuola di giornalismo riguardante ciò che accade al governo.

A4 Considera l'informazione data dal direttore al giovane giornalista: «Mentre lei lavora, giovanotto, l'istituto governativo di sondaggi segnala al Sondar, in ogni momento della giornata, il suo indice di gradimento presso i lettori» (righe 32-34). Quali elementi di questa frase ti consentono di concludere che il Sondar non è l'«arbitro imparziale» descritto poco prima dal direttore, ma uno strumento per intimidire e controllare i giornalisti? Scrivi la risposta giustificando le tue affermazioni.

A5 Nella frase «Io la guiderò, la consiglierò, la avvertirò» (righe 44-45) a che cosa si riferisce il pronome «la»?

- ☐ A. Alla voce femminile emessa dal Sondar.
- ☒ B. Al giovane giornalista.
- ☐ C. Alla libertà di redazione.
- ☐ D. All'imparzialità delle notizie.

A6 Perché la frase «Sì – disse il giovane giornalista – cos'è quella luce rossa che si è accesa sul Sondar?» (righe 47-48) costituisce un punto di svolta nella narrazione? Spiegalo con le tue parole.

Siccome fino a quel momento il direttore ha spiegato al nuovo giornalista cosa serva il Sondar, da quel momento in poi viene dimostrato cosa può arrivare a fare il Sondar.

A7 Considera la frase «È la mia liquidazione – disse con voce appena un po' alterata e uscì dalla stanza» (riga 59). Quali particolarità caratteriali rivela il direttore con questa reazione al suo licenziamento? Metti una crocetta per ogni riga.

Caratteristiche	Sì	No
a. È iroso e perde il controllo di sé.		X
b. È sottomesso al governo e non osa ribellarsi.	X	
c. È molto attaccato al denaro.		X
d. È incline a lottare e a resistere alle sopraffazioni.		X
e. È un uomo dal carattere taciturno.	X	

A8 Il tema centrale del testo è

- ☒ A. la libertà di informazione.
- ☐ B. l'evoluzione della tecnica.
- ☐ C. la formazione dei giovani.
- ☐ D. l'arredamento degli uffici.

Il codice morale che sorregge i giapponesi

[...] Dal Giappone giungono immagini spaventose: città in pezzi, navi intere scagliate nelle strade e migliaia di automobili sommerse dal mare. Ma sui volti dei giapponesi si vede malgrado tutto calma e compostezza: coloro che potrebbero essere stati raggiunti da radiazioni fanno pazientemente la coda per farsi esaminare, la macchina dei soccorsi funziona e la gente si attiene scrupolosamente al consiglio di risparmiare energia e limitare i consumi. Né sembra che divampino furiose polemiche e recriminazioni. Non posso immaginare cosa sarebbe accaduto da noi. Negli Stati Uniti, mi basta ricordare la ventata di isteria che accompagnò il tifone Katrina, di portata infinitamente minore.
Quando il Giappone, all'indomani dell'ultimo conflitto, passò d'un tratto da un regime autocratico-feudale alla democrazia importata dagli Stati Uniti, tutti si sorpresero di come il passaggio si svolgesse in modo ordinato ed efficace. I giapponesi accolsero istituzioni e regole che erano loro sconosciute e le fecero funzionare. Poi la democrazia parlamentare e l'economia di mercato hanno attraversato anche in Giappone le vicende che altri Paesi hanno conosciuto. Non molto tempo fa, su queste stesse pagine, abbiamo avuto modo di ricordare che la vita politica del Paese del Sol Levante è stata afflitta ultimamente da scandali e comportamenti inappropriati, che quattro primi ministri si sono avvicendati in pochi anni, il debito pubblico ha raggiunto livelli record, la produzione ha rallentato mentre sono aumentate la spesa pensionistica e la disoccupazione. Il Giappone ha faticato a mantenere il livello di vita raggiunto in passato, ricalcando alcuni modelli di comportamento non molto dissimili da quelli italiani.
Da dove viene allora questa ordinata calma nel momento dell'emergenza? Come mai mentre i mercati crollano e le borse impazziscono, mentre il mondo commisera il Giappone e si interroga sul dilemma nucleare, i giapponesi riprendono il cammino con apparente fiduciosa determinazione e un primo ministro che fino a 10 giorni fa molti giudicavano quasi sul punto di cadere annuncia ora tranquillamente e senza sollevare proteste che la più grave crisi del dopoguerra sarà superata e il Giappone si ritroverà più compatto e forte di prima?
La risposta sta in un aspetto della cultura profonda del Paese e in un principio che sin dalla prima infanzia giunge nell'animo di ogni bambino. Il principio, cioè, che vi sono infinite cose desiderabili e anche importanti, come il denaro, il potere o il successo, che tutti cercano di raggiungere, che taluni raggiungono ma che possono poi abbandonarci a seconda della fortuna o delle circostanze senza che ciò muti la nostra vera natura. Che vi sono invece valori che ci appartengono indissolubilmente, senza i quali non saremmo quasi persone umane, certo non dei veri giapponesi. È difficile riassumere questi valori e anche più difficile tradurli in parole italiane appropriate. Si tratta, in sostanza, di una specie di codice morale dei cavalieri dell'età feudale che, non scritto ma passato di bocca in bocca, sopravvive nel mondo di oggi: vi si fondono i concetti di consapevolezza di sé, lealtà, rettitudine, dignità e rispetto. Importante – diceva un saggio – è sapere quando è tempo di colpire e quando è tempo di morire, e farlo con la stessa grazia. In Giappone, questo concetto viene talvolta riassunto nel termine «bushi-

do», che ha peraltro un suono prevalentemente guerriero e maschile mentre l'idea è altrettanto maschile che femminile. [...]

(da B. Biancheri, *Il codice morale che sorregge i giapponesi*, in www.lastampa.it, 16 marzo 2011)

B1 Nel punto del testo in cui si trova l'espressione «la macchina dei soccorsi funziona» (riga 5), l'autore ha voluto affermare che

☐ A. i giapponesi hanno saputo reagire all'emergenza organizzando i soccorsi in modo efficiente.

☐ B. a causa dell'isteria collettiva si è dovuto ricorrere al soccorso di altri paesi.

☐ C. i soccorsi sono efficienti a causa dei macchinari molto sofisticati costruiti dai giapponesi.

☐ D. i giapponesi hanno perso il controllo della situazione e per i soccorsi funziona ormai soltanto una macchina.

B2 Nella frase «Né sembra che divampino furiose polemiche e recriminazioni» (righe 6-7) come potresti sostituire «Né»?

☐ A. Niente affatto.

☐ B. Non mai.

☐ C. E non.

☐ D. Ma.

B3 Scegli il significato corretto delle seguenti espressioni figurate presenti nel testo. Metti una crocetta per ogni riga.

Espressioni figurate	Significato	Sì	No
a. «La ventata di isteria» (riga 8)	Un improvviso e intenso diffondersi di comportamenti allarmati.		
	Un vento molto intenso che ha reso isterica la popolazione.		
b. «I mercati crollano» (riga 24)	A causa del terremoto molti edifici dei mercati sono crollati.		
	Il valore delle merci negli scambi si abbassa in modo estremo.		
c. «Le borse impazziscono» (riga 24)	I titoli quotati in borsa oscillano in modo imprevedibile.		
	I cittadini devono spendere moltissimo denaro per affrontare i disastri del terremoto.		
d. «I giapponesi riprendono il cammino» (righe 25-26)	I giapponesi si mettono in viaggio per allontanarsi dai luoghi del disastro.		
	I giapponesi ricominciano a vivere normalmente.		

B4 Dopo la Seconda guerra mondiale i giapponesi

☐ A. vissero un graduale e tranquillo passaggio alla democrazia.

☐ B. passarono improvvisamente ma in modo efficace e ordinato alla democrazia.

☐ C. ebbero serie difficoltà a fare funzionare le regole della democrazia, a loro sconosciute.

☐ D. non riuscirono ad abbandonare del tutto il regime autocratico-feudale a cui erano abituati.

B5 Se volessi riassumere in una sola frase questo testo, perché un tuo compagno ne capisca subito il senso, quale sceglieresti tra le seguenti?

☐ A. I giapponesi sono un popolo molto sfortunato, che ha dovuto imparare a resistere alle disgrazie.

☐ B. I giapponesi considerano il denaro, il potere e il successo come le cose più desiderabili.

☐ C. L'insieme dei valori morali dei giapponesi fa sì che essi sappiano affrontare le difficoltà con calma e dignità.

☐ D. Il codice morale dei giapponesi prescrive che lottino fino alla morte per ottenere il successo.

B6 Quali sono i valori fondamentali dell'educazione dei giapponesi? Scrivilo con le tue parole.

....

....

....

B7 Quale giudizio complessivo sul popolo giapponese ti pare voglia esprimere l'autore?

☐ A. Disprezzo.

☐ B. Ammirazione.

☐ C. Indifferenza.

☐ D. Invidia.

La lettura dei libri in Italia

L'indagine ISTAT "Aspetti della vita quotidiana" rileva ogni anno informazioni sulla lettura di libri nel tempo libero, sul profilo dei lettori e sulla dotazione delle biblioteche domestiche. Per lettori si intendono le persone di 6 anni e più che hanno letto almeno un libro per motivi non strettamente scolastici o professionali nei 12 mesi precedenti l'intervista. Le informazioni sono tratte dall'indagine svolta nel febbraio 2009. Il campione comprende 19 mila famiglie, per un totale di 48 mila individui. Nel 2009 il 45,1% della popolazione di 6 anni e più (oltre 25 milioni e 300 mila persone) dichiara di aver letto almeno un libro. Le donne leggono più degli uomini: le lettrici, infatti, sono il 51,6% rispetto al 38,2% dei lettori. Il titolo di studio influisce fortemente sui livelli di lettura: si va da un massimo dell'80,6% tra i laureati a un minimo del 28,4% tra chi possiede la licenza elementare o nessun titolo di studio.

Figura 1 - Persone di 6 anni e più che hanno letto almeno un libro nel tempo libero nei 12 mesi precedenti l'intervista per classe di età - Anno 2009 *(per 100 persone di 6 anni e più della stessa classe di età)*

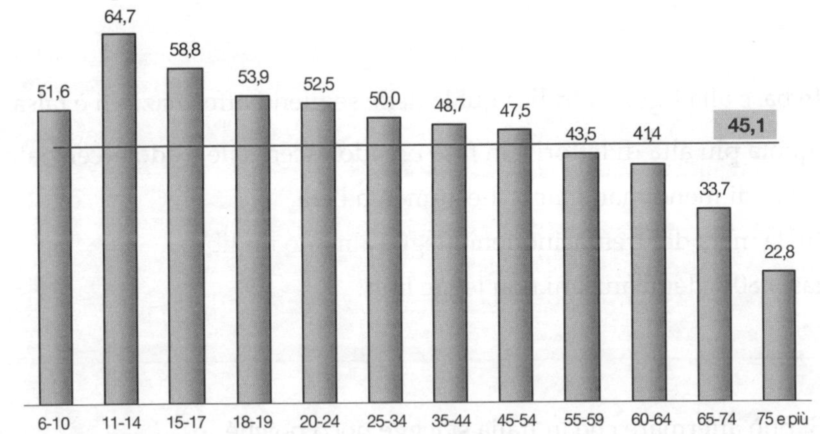

Figura 2 - Persone di 6 anni e più che hanno letto almeno un libro nel tempo libero nei 12 mesi precedenti l'intervista per sesso e classe di età - Anno 2009 *(per 100 persone di 6 anni e più dello stesso sesso e classe di età)*

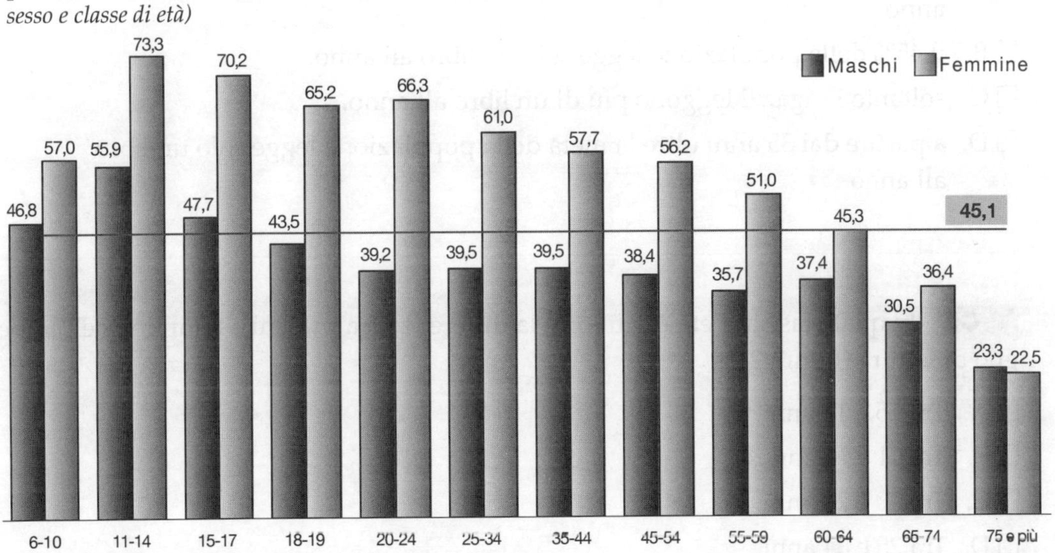

(adattato da www.istat.it)

C1 Per quale ragione alla riga 1 "Aspetti della vita quotidiana" è messo tra virgolette alte?

☐ A. È usato in un senso particolare.

☐ B. È un discorso diretto.

☐ C. È una citazione.

☐ D. È un titolo.

C2 Con quale delle seguenti parole puoi sostituire il termine «campione» (riga 6)?

☐ A. Asso.

☐ B. Modello.

☐ C. Rappresentante.

☐ D. Assaggio.

C3 In base alla figura 1 indica quale delle seguenti affermazioni è falsa.

☐ A. La quota più alta di lettori è in fase preadolescenziale e adolescenziale.

☐ B. Si legge di meno man mano che aumenta l'età.

☐ C. Oltre la metà dei trentacinquenni legge almeno un libro.

☐ D. Quasi l'80% degli anziani non legge libri.

C4 Si può affermare che in Italia si legge poco poiché

☐ A. oltre la metà della popolazione non ha letto nemmeno un libro nell'ultimo anno.

☐ B. il 45% della popolazione legge solo un libro all'anno.

☐ C. soltanto i ragazzi leggono più di un libro all'anno.

☐ D. a partire dai 35 anni oltre la metà della popolazione legge solo un libro all'anno.

C5 In quale fascia d'età è più forte la differenza tra maschi e femmine nell'impegno di lettura (figura 2)?

☐ A. Tra 15 e 17 anni.

☐ B. Tra 11 e 14 anni.

☐ C. Tra 20 e 24 anni.

☐ D. Tra 25 e 34 anni.

C6 Dall'indagine ISTAT risulta che

☐ A. a leggere poco sono coloro che hanno 15 anni o più.
☐ B. c'è un rapporto inversamente proporzionale tra titolo di studio e libri letti.
☐ C. c'è un rapporto proporzionale tra titolo di studio e libri letti.
☐ D. non sempre una professione intellettuale rivela una propensione alla lettura.

C7 Complessivamente in Italia quante persone non leggono libri?

☐ A. Circa trenta milioni di persone.
☐ B. Alcuni milioni di persone.
☐ C. Almeno dieci milioni di persone.
☐ D. Circa cinquanta milioni di persone.

C8 L'indagine statistica sulla lettura riguarda il settore

☐ A. dell'economia.
☐ B. dell'istruzione.
☐ C. della cultura e della società.
☐ D. dell'informazione.

Seconda parte della prova di italiano: grammatica

1 Individua quale tra quelle proposte è la frase scritta correttamente.

☐ A. Qual è l'aereo che partirà di qui tra un'ora?
☐ B. Qual'è l'aereo che partirà di quì tra un'ora?
☐ C. Qual'é l'aereo che partirà di qui tra un'ora?
☐ D. Qual è l'aereo che partirà di quì tra un'ora?

---

2 Nella frase «Andrea è piuttosto scuro **di carnagione**», di che tipo è il complemento evidenziato?

☐ A. Qualità.
☐ B. Materia.
☐ C. Limitazione.
☐ D. Specificazione.

---

3 Nel periodo «Giorgio era così stanco **che si è addormentato di colpo**», di che tipo è la proposizione evidenziata?

☐ A. Relativa.
☐ B. Consecutiva.
☐ C. Oggettiva.
☐ D. Causale.

---

4 Quale tra i termini seguenti è scritto in modo corretto?

☐ A. Ingenio.
☐ B. Accelleratore.
☐ C. Giaque.
☐ D. Promiscuo.

---

5 Per ciascuna delle frasi seguenti trascrivi nello spazio corrispondente la preposizione, e specifica con una crocetta se è semplice o articolata.

Frasi	Preposizione	Semplice	Articolata
a. Anna è stata lasciata dal fidanzato.			
b. Ho comprato un nuovo servizio di tazze.			
c. Dovete consegnare le chiavi all'insegnante.			
d. In montagna mi piace fare lunghe dormite.			
e. La crostata si deve preparare con la marmellata.			
f. Se non trovi il quaderno guarda nella cartella.			

6 Leggi la frase «Passeggiavo con Federica al parco quando vidi la mia insegnante di italiano». In questa frase sono usati differenti tempi del verbo. Per ognuno di essi indica con una crocetta se l'azione espressa:

	dura nel tempo	è momentanea	avviene nel passato	comincia prima dell'altra
Passeggiavo				
vidi				

7 Con quale connettivo non potresti sostituire «eppure» nel periodo «Conosco Antonio da tanti anni, eppure non sono mai stato a casa sua»?

☐ A. Sicché.

☐ B. Ma.

☐ C. Tuttavia.

☐ D. Però.

8 Quali tra le seguenti parole sono costituite dal prefissoide «auto-» nel significato di «da sé»? Segna una crocetta per ogni riga.

Parole	Composta dal prefissoide auto- (da sé)	
	Sì	No
a. Autorimessa		
b. Autorizzazione		
c. Autocorrezione		
d. Autore		
e. Autogol		
f. Autobiografia		
g. Autoscatto		
h. Autoscontro		
i. Autorità		
l. Autoadesivo		

NOME ______________________ CLASSE ______________________

COGNOME ______________________ DATA ______________________

Prova 3

Prima parte della prova di italiano: lettura

Cibi da evitare

Dopo la rottura del suo fidanzamento, la sorella del protagonista si è vestita di nero come una monaca e ha cominciato a dare sfogo al proprio malumore cucinando piatti stravaganti. I due fratelli minori di Battista (così si chiama la ragazza) architettano un piano per sfuggire alla sua disgustosa cucina.

Il suo animo tristo s'esplicava soprattutto nella cucina. Era bravissima nel cucinare, perché non le mancava né la diligenza né la fantasia, doti prime d'ogni cuoca, ma dove metteva le mani lei non si sapeva che sorprese mai potessero arrivarci in tavola: certi crostini di paté, aveva preparato una volta, finissimi a dire il vero, di fegato di topo, e non ce l'aveva detto che quando li avevamo mangiati e trovati buoni; per non dire delle zampe di cavalletta, quelle di dietro, dure e seghettate, messe a mosaico su una torta; e i codini di porco arrostiti come fossero ciambelle; e quella volta che fece cuocere un porcospino intero, con tutte le spine, chissà perché, certo solo per farci impressione quando si sollevò il coprivivande, perché neanche lei, che pure mangiava sempre ogni razza di roba che avesse preparato, lo volle assaggiare, ancorché fosse un porcospino cucciolo, rosa, certo tenero.

Infatti, molta di questa sua orrenda cucina era studiata solo per la figura, più che per il piacere di farci gustare insieme a lei cibi dai sapori raccapriccianti. Erano, questi piatti di Battista, delle opere di finissima oraferia animale o vegetale: teste di cavolfiore con orecchie di lepre poste su un colletto di pelo di lepre; o una testa di porco dalla cui bocca usciva, come cacciasse fuori la lingua, un'aragosta rossa, e l'aragosta nelle pinze teneva la lingua del maiale come se gliel'avesse strappata. Poi le lumache: era riuscita a decapitare non so quante lumache, e le teste, quelle teste di cavallucci molli molli, le aveva infisse, credo con uno stecchino, ognuna su un bignè, e parevano, come vennero in tavola, uno stormo di piccolissimi cigni. E ancor più della vista di quei manicaretti faceva impressione pensare allo zelante accanimento che certo Battista v'aveva messo a prepararli, immaginare le sue mani sottili mentre smembravano quei corpicini d'animali.

Il modo in cui le lumache eccitavano la macabra fantasia di nostra sorella, ci spinse, mio fratello e me, a una ribellione, che era insieme di solidarietà con le povere bestie straziate, di disgusto per il sapore delle lumache cotte e d'insofferenza per tutto e per tutti […].

Avevamo architettato un piano. Come il Cavalier Avvocato portava a casa un canestro pieno di lumache mangerecce, queste erano messe in cantina in un barile, perché stessero in digiuno, mangiando solo crusca, e si purgassero. A spostare la copertura di tavole di questo barile appariva una specie d'inferno, in cui le lumache si muovevano su per le doghe con una lentezza che era già un presagio d'agonia, tra rimasugli di crusca, strie[1] d'opaca bava aggrumata e lumacheschi escrementi colorati, memoria del bel tempo dell'aria aperta e delle erbe. Quale di loro era tutta fuori del guscio, a capo proteso e corna divaricate, quale tutta rattrappita in sé, sporgendo solo diffidenti antenne; altre a crocchio come comari, altre addormentate e chiuse, altre morte con la chiocciola riversa. Per salvarle dall'incontro con quella sinistra cuoca, e per salvare noi dalle sue imbandigioni, praticammo un foro nel fondo del barile, e di lì tracciammo, con fili d'erba tritata e miele, una strada il più possibile nascosta, dietro botti e attrezzi della cantina, per attrarre le lumache sulla via della fuga, fino a una finestrella che dava in un'aiola incolta e sterposa.

Il giorno dopo, quando scendemmo in cantina a controllare gli effetti del nostro piano, e a lume di candela ispezionammo i muri e gli anditi[2], – Una qui!... E un'altra qua! – ... E vedi questa dov'è arrivata! – già una fila di lumache a non lunghi intervalli percorreva dal barile alla finestrella il pavimento e i muri, seguendo la nostra traccia. – Presto, lumachine! Fate presto, scappate! – non potemmo trattenerci dal dir loro, vedendo le bestiole andare lemme lemme[3], non senza deviare in giri oziosi sulle ruvide pareti della cantina, attratte da occasionali depositi e muffe e ingrommature[4]; ma la cantina era buia, ingombra, accidentata: speravamo che nessuno potesse scoprirle, che avessero il tempo di scappare tutte.

Invece, quell'anima senza pace di nostra sorella Battista percorreva la notte tutta la casa a caccia di topi, reggendo un candeliere, e con lo schioppo sotto il braccio. Passò in cantina, quella notte, e la luce del candeliere illuminò una lumaca sbandata sul soffitto, con la scia di bava argentea. Risuonò una fucilata. Tutti nei letti sobbalzammo, ma subito riaffondammo il capo nei guanciali, avvezzi com'eravamo alle cacce notturne della monaca di casa.

Ma Battista, distrutta la lumaca e fatto crollare un pezzo d'intonaco con quella schioppettata irragionevole, cominciò a gridare con la sua vocetta stridula: – Aiuto! Scappano tutte! Aiuto! – Accorsero i servi mezzo spogliati, nostro padre armato d'una sciabola, l'Abate senza parrucca, e il Cavalier Avvocato, prim'ancora di capir nulla, per paura di seccature scappò nei campi e andò a dormire in un pagliaio.

Al chiaror delle torce tutti si misero a dar la caccia alle lumache per la cantina, sebbene a nessuno stessero a cuore, ma ormai erano svegliati e non volevano, per il solito amor proprio, ammettere d'esser stati disturbati per nulla. Scoprirono il buco nel barile e capirono subito che eravamo stati noi. Nostro padre ci venne ad agguantare in letto, con la frusta del cocchiere. Finimmo ricoperti di striature viola sulla schiena le natiche e le gambe, chiusi nello stanzino squallido che ci faceva da prigione.

1. **strie:** strisce.
2. **anditi:** zone oscure e poco praticate della casa.
3. **lemme lemme:** lentamente.
4. **ingrommature:** incrostazioni.

Ci tennero lì tre giorni, a pane acqua insalata cotenne di bue e minestrone freddo (che, fortunatamente, ci piaceva). Poi, primo pasto in famiglia, come niente fosse stato, tutti a puntino, quel mezzogiorno del 15 giugno: e cos'aveva preparato nostra sorella Battista, sovrintendente alla cucina? Zuppa di lumache e pietanza di lumache.

(da I. Calvino, *Il barone rampante*, Einaudi, Torino 1965)

A1 Nella frase «Il suo animo tristo s'esplicava soprattutto nella cucina» (riga 1) la parola «s'esplicava» significa:

☐ A. si dedicava.

☐ B. si esaltava.

☐ C. si manifestava.

☐ D. si avventurava.

A2 Qual è lo scopo principale per cui Battista cucina cibi disgustosi?

☐ A. Provare piacere ad assaggiare insieme con i suoi famigliari cibi raccapriccianti.

☐ B. Riuscire a impressionare i suoi famigliari con l'aspetto stravagante dei suoi piatti.

☐ C. Ottenere la lode dei suoi famigliari.

☐ D. Mostrare la sua indifferenza a tutta la famiglia.

A3 Quali tra le seguenti caratteristiche, in base al testo, sono proprie di Battista?

Caratteristiche	Sì	No
a. Cucina in modo stravagante.		
b. È protettiva nei confronti dei suoi fratelli.		
c. È calma e ragionevole di fronte alle difficoltà.		
d. È vendicativa.		
e. È pigra e oziosa.		
f. È fantasiosa e allegra.		
g. È tetra e crudele.		

A4 Perché il piano dei due fratelli fallisce? Scrivilo.

....

....

....

A5 Indica quale funzione assume il punto esclamativo (!) nelle frasi seguenti.

Frasi	Funzione del punto esclamativo		
	Esprime meraviglia	Indica un'esortazione	Esprime una richiesta
a. «Una qui!» (riga 46)	X		
b. «E vedi questa dov'è arrivata!» (riga 47)	X		
c. «Presto, lumachine!» (riga 49)		X	
d. «Fate presto, scappate!» (riga 49)		X	
e. «Aiuto!» (riga 62)			X

A6 Qual è l'argomento principale del testo?

☐ A. I diversi modi di cucinare le lumache.

☒ B. La ribellione di due fratelli alla cucina della loro sorella.

☐ C. Il comportamento delle lumache.

☐ D. L'amore fraterno.

Internet, blog e pochi libri: è la generazione digitale

Connessi. Sempre. Come se il tempo e lo spazio non esistessero. Pronti a dirsi «ciao» sotto casa e a ritrovarsi un minuto dopo a chattare su Messenger, mentre il cellulare vibra in tasca e l'iPod in cuffia impermeabilizza da ogni disturbo esterno. Sono nati all'inizio degli anni Novanta, quando il mondo mandava in pezzi le ultime ideologie. E a contarli tutti, [...] si scopre che tra i 14 e i 18 anni gli adolescenti italiani sono un po' meno di tre milioni [...] rappresentano la prima generazione di figli unici, hanno un tasso di scolarizzazione mai raggiunto prima e genitori che detengono il record storico di separazioni e divorzi. Il loro identikit sfugge però ad ogni etichetta: l'adolescenza per definizione è un'età in bilico, un'età sospesa tra infanzia e futuro, con il corpo che cambia e i sentimenti in tempesta, un'età incerta, «vulnerabile e meravigliosa allo stesso tempo», come scriveva la psicoanalista Françoise Dolto, «una zona turbolenta che ognuno vive secondo un ritmo individuale». Eppure i teenager sono cambiati, in pochi anni hanno riscritto l'alfabeto della comunicazione in un linguaggio globale fatto di Sms, mail, emoticon e blog, travolgendo le barriere dell'età, della fisicità, dei sentimenti. Pochi libri, poco cinema e molti video, sport per tutti e tanto shopping [...]. Andrea ad esempio, che avrà 14 anni tra pochi mesi, quest'estate farà una vacanza studio in Inghilterra, mentre divide il suo tempo tra la scuola, le partite a «war hammer», i pomeriggi al parco con un gruppetto di amici con cui vive in simbiosi assoluta, racconta che la sua musica e le sue passioni sono i Pink Floyd [...] ma anche, dice, «andare a pesca con mio padre». «Per me la cosa più importante è l'amicizia, noi siamo sempre in contatto, appena torno a casa accendo il computer, anche quando studio, ogni tanto lancio uno sguardo, magari c'è un messaggio, un Msn sul Pc o un Sms sul telefonino. La Rete è fondamentale, per studiare, scaricare video, film, trovare notizie, anzi è lì che trovi le notizie vere, la televisione sì la guardo ma è un sottofondo, il mio è Mtv». E non è facile tirare fuori ad un quasi quattordicenne parole più intime, o ammissioni di sentimenti, se non che «detesto sentirmi oppresso da troppe regole e da troppi impegni», e «vado d'accordo con i miei genitori». Adulti spesso fin troppo amici dei loro ragazzi, in famiglie, dicono gli esperti, «dove non ci sono più barriere tra l'età dei grandi e quella dei ragazzi», una linea orizzontale che se da una parte ha migliorato i rapporti affettivi, dall'altra ha fatto saltare ruoli e separatezze fondamentali per crescere. Ritratto di un «adolescente digitale», di una generazione che vive, come spiega Massimo Ammaniti, docente di Psicopatologia dell'Età evolutiva all'università La Sapienza «in una connessione continua, in un perenne rincorrersi di messaggini, telefonate, squilli, avvisi, che vogliono dire io ci sono, sono qui, esisto». Un bisogno normale in questa fase della giovinezza ma «esasperato oggi dalla tecnologia che dà loro la possibilità di comunicare in ogni istante e in ogni luogo, anche quando non devono comunicare niente e questo riduce l'attività immaginativa, lo spazio del sogno e dell'elaborazione». Interattivi, internauti, informati, gli adolescenti della generazione digitale [...] «rischiano però di non saper più affrontare gli spazi del vuoto e della noia – dice

Ammaniti – perché crescono all'insegna di una concretezza estrema, a tutto discapito della creatività». Quando però ci si riesce a «sintonizzare» con loro, individualmente, fuori dal gruppo, «e per gli adulti di oggi non è facile, perché il divario tecnologico è altissimo, si scopre – conclude Massimo Ammaniti – che sono assolutamente in grado di descrivere se stessi e i loro problemi». [...] In realtà al di là del mondo *Hi-Tech*, oltre *Myspace* e *YouTube*, i quattordici-diciottenni di questi anni combattono gli stessi turbamenti dei ragazzi di sempre, lo stesso tempo indefinito tra l'addio all'essere bambini e la sfida di diventare grandi. [...]

Giovanissimi e «forti consumatori» rivelano gli analisti di marketing, il 90% possiede un cellulare, oltre l'80% naviga in Internet, ma poi fanno dannare le aziende perché sono impermeabili ad ogni tipo di campagna pubblicitaria e la vittoria o il fallimento del «brand» lo decidono loro, con il passaparola. «Per il 61% dei teenager il consumo è l'elemento centrale della vita – chiarisce il sociologo Enrico Finzi – e le categorie fondamentali di spesa sono l'abbigliamento, la musica, il divertimento e la tecnologia. A differenza dei bambini che sono conformisti e chiedono tutti lo stesso zainetto e le stesse scarpe, i teenager sono individualisti fino al midollo, detestano gli spot ammiccanti e giovanilistici, hanno gusti nomadi e mutevoli [...]». Ad ascoltarli però i «teens» della generazione digitale dicono che il miglior modo di fare affari è *eBay*, e intanto girano, viaggiano, volano *low cost*, sanno di essere una eurogenerazione, utilizzano il corpo come una tavolozza dove sperimentare piercing e tatuaggi, hanno anzi per il corpo un culto che sconfina, anche, nell'ossessione. Federico ha 16 anni e fa la terza liceo scientifico, è allegro, ironico [...]. «Com'è la mia giornata? Motorino, scuola, sport, compiti, computer, *You Tube* e *Messenger*, essere in comunicazione è essenziale, oggi però tra i ragazzi ci sono differenze enormi sia sociali che culturali, siamo divisi in gruppi, anche se poi quando si esce il venerdì e il sabato sera alla fine le comitive si mescolano, andiamo in discoteca, nei pub, nei centri sociali, da *McDonald's*, al cinema. [...] Essere tristi capita, è normale, ma più che parlarne è meglio reagire, vedere gli amici, uscire». Un altro giro insomma, un'altra corsa. L'età adulta può attendere.

(da M. N. De Luca, *Internet, blog e pochi libri: è la generazione digitale*, in "la Repubblica", 27 aprile 2007)

B1 Il termine «Connessi» (riga 1), nel contesto generale del testo, significa:

☐ A. strettamente uniti.
☐ B. collegati.
☐ C. inerenti.
☐ D. correlati.

B2 Nella tabella sottostante ci sono alcune frasi tratte dal testo. Per ognuna di esse indica con una crocetta se contiene informazioni sui cambiamenti degli adolescenti rispetto al passato oppure sulle caratteristiche proprie degli adolescenti di ogni tempo.

Frasi	Contiene informazioni sui cambiamenti degli adolescenti rispetto al passato	Contiene informazioni sulle caratteristiche proprie degli adolescenti di ogni tempo
a. «rappresentano la prima generazione di figli unici» (righe 6-7)		
b. «l'adolescenza per definizione è un'età in bilico, un'età sospesa tra infanzia e futuro, con il corpo che cambia e i sentimenti in tempesta, un'età incerta, "vulnerabile e meravigliosa allo stesso tempo"» (righe 9-11)		
c. «in pochi anni hanno riscritto l'alfabeto della comunicazione in un linguaggio globale fatto di Sms, mail, emoticon e blog, travolgendo le barriere dell'età, della fisicità, dei sentimenti» (righe 13-16)		
d. «Per me la cosa più importante è l'amicizia, noi siamo sempre in contatto, appena torno a casa accendo il computer, anche quando studio, ogni tanto lancio uno sguardo, magari c'è un messaggio, un Msn sul Pc o un Sms sul telefonino. La Rete è fondamentale, per studiare, scaricare video, film, trovare notizie, anzi è lì che trovi le notizie vere, la televisione sì la guardo ma è un sottofondo, il mio è Mtv» (righe 21-26)		
e. «Adulti spesso fin troppo amici dei loro ragazzi, in famiglie, dicono gli esperti, "dove non ci sono più barriere tra l'età dei grandi e quella dei ragazzi"» (righe 29-31)		
f. «al di là del mondo *Hi-Tech*, oltre *Myspace* e *YouTube*, i quattordici-diciottenni di questi anni combattono gli stessi turbamenti dei ragazzi di sempre, lo stesso tempo indefinito tra l'addio all'essere bambini e la sfida di diventare grandi» (righe 48-50)		
g. «sanno di essere una eurogenerazione» (riga 63)		

B3 Quale funzione hanno i due punti (:) nella frase «Il loro identikit sfugge però ad ogni etichetta: l'adolescenza per definizione è un'età in bilico» (righe 8-10)?

☐ A. Introducono un elenco.

☐ B. Introducono una spiegazione del fatto che l'identikit dell'adolescente sfugga a ogni etichetta.

☐ C. Introducono un discorso diretto.

☐ D. Introducono una spiegazione dell'espressione «età in bilico».

B4 Quali delle seguenti caratteristiche ha, secondo il professor Massimo Ammaniti, l'«adolescente digitale» (righe 33-47)? Metti una crocetta per ogni riga.

Caratteristiche	Sì	No
a. Ha un elevato livello di creatività.		
b. È conformista.		
c. È generalmente concreto.		
d. Sa affrontare la noia.		
e. Ama essere sempre connesso.		
f. Ha gli stessi turbamenti degli adolescenti di ogni tempo.		

B5 Il brano che hai letto è un testo

☐ A. informativo.

☐ B. narrativo.

☐ C. regolativo.

☐ D. espressivo.

B6 Ti riconosci nell'immagine di «adolescente digitale»? Spiega la tua risposta indicando i motivi per cui ti senti simile o diverso rispetto al tipo di adolescente descritto nell'articolo.

....

....

....

B7 Qual è l'argomento centrale del testo?

☐ A. L'efficienza di Internet.

☐ B. L'assenza di comunicazione degli adolescenti.

☐ C. Il bisogno di affermazione degli adulti.

☐ D. L'uso massiccio degli strumenti digitali da parte degli adolescenti.

Il lavoro minorile

Nel mondo ci sono almeno 250 milioni di bambini tra i 5 e i 14 anni che lavorano. Quasi la metà è occupata a tempo pieno. A questi vanno aggiunti i bambini soggetti a sfruttamento sessuale. Dalle statistiche dell'UNICEF risulta che il 61% del lavoro minorile è concentrato in Asia, il 32% in Africa, il 7% in America latina. Poiché le multinazionali occidentali sempre più spesso trasferiscono le loro filiali nel Terzo mondo, dove con un costo della manodopera molto basso si possono produrre manufatti a basso contenuto tecnologico, i bambini qui trovano facilmente occupazione nei settori dell'export. Un bambino su quattro nel mondo in via di sviluppo lavora anche più di 9 ore al giorno per sei giorni la settimana. Moltissimi adulti sono disoccupati proprio perché gli imprenditori preferiscono i bambini, che costano meno, non si ribellano, non sono iscritti ai sindacati. Questi bambini sono soggetti a moltissime malattie e a 40 anni sono già vecchi decrepiti.

Asia e Africa, i bambini lavoratori abitano qui, 2002

Regione	**Bambini lavoratori** Valore assoluto (milioni)	**% sulla fascia di età**
Paesi industrializzati	**2,5**	**2**
Est Europa ed ex-URSS	**2,4**	**4**
Asia e Oceania	**127,3**	**19**
America Latina e Caraibi	**17,41**	**16**
Africa subsahariana	**48**	**29**
Medio Oriente e Nord Africa	**13,4**	**15**

(Fonte: UNICEF Italia, 2003)

C1 Complessivamente, quanti milioni di lavoratori tra i 5 e i 14 anni si stima vi siano nel mondo?

☐ A. Circa 250 milioni.

☐ B. Meno di 250 milioni.

☐ C. 350 milioni, di cui la metà in Asia.

☐ D. Oltre 350 milioni.

C2 Il termine «manufatti» (riga 7) ha il significato di

☐ A. prodotti.

☐ B. beni.

☐ C. giocattoli.

☐ D. importazioni.

C3 Dove è meno imponente la forza-lavoro minorile?

☐ A. Medio Oriente.

☐ B. America Latina.

☐ C. Europa orientale.

☐ D. Africa subsahariana.

C4 A che cosa si riferisce l'avverbio «qui» alla riga 7?

....

C5 Quale delle seguenti non è una situazione correlata allo sfruttamento del lavoro minorile?

☐ A. Invecchiamento precoce degli individui lavoratori.

☐ B. Moltiplicarsi delle malattie.

☐ C. Crisi nel settore dell'export.

☐ D. Disoccupazione degli adulti.

C6 Indica con una crocetta se i seguenti fattori sono cause o conseguenze del lavoro minorile.

Fattori	Causa	Conseguenza
a. Le multinazionali occidentali trasferiscono le filiali nel Terzo mondo.		
b. I bambini invecchiano precocemente.		
c. Nel Terzo mondo il costo della manodopera è molto basso.		
d. Nel Terzo mondo si producono manufatti a basso contenuto tecnologico.		
e. Moltissimi adulti sono disoccupati.		
f. I bambini non sono iscritti ai sindacati.		
g. I bambini sono soggetti a moltissime malattie.		

C7 Qual è la funzione del grafico che correda il testo?

☐ A. Visualizzare i dati presenti nel testo.

☐ B. Aggiungere informazioni a quelle presenti nel testo.

☐ C. Spiegare le informazioni presenti nel testo.

☐ D. Confermare la tesi del testo.

Seconda parte della prova di italiano: grammatica

1 Quale tra i termini seguenti è scritto correttamente?

☐ A. Perquotere.

☐ B. Profiquo.

☐ C. Innocuo.

☐ D. Efficente.

---

2 Completa il periodo seguente coniugando i verbi tra parentesi al congiuntivo trapassato (primo verbo) e al condizionale passato (secondo verbo).

Se tu me lo .... (dire) in tempo io lo .... (fare) certamente.

---

3 In quale delle seguenti frasi c'è un verbo passivo?

☐ A. Mi sono stupito della tua risposta.

☐ B. I ragazzi sono usciti con il motorino.

☐ C. Dai miei amici sono chiamato "Lupo".

☐ D. Quando ho sentito il campanello sono sceso di corsa.

---

4 Nella frase «Questo non è un orologio completamente diverso dagli altri: ne esistono di simili», i due punti equivalgono alla congiunzione

☐ A. cioè.

☐ B. ma.

☐ C. infatti.

☐ D. quindi.

---

5 Leggi la seguente voce di dizionario.

peggio ‹pèg·gio› avv., agg. e s.m. o f., invar.
1. avv. comparativo di male: *di male in p.; sta p.; va p.*

2. Come agg. equivale a peggiore (al quale nell'uso va sempre più sostituendosi): *mi è successo qualcosa di p.; la sorpresa è male, l'attesa è p.*

3. Come s.m. o f., in espressioni del tipo *aver la p.* (sorte), riuscire sconfitto; *al p. non c'è mai fine*, ogni situazione o persona nuova fa rimpiangere spesso la vecchia; e nelle locuzioni *alla p.*, nell'ipotesi peggiore; *alla meno p.*, in modo appena accettabile.

ETIMO Lat. *peius*, neutro di *peior -oris* 'peggiore'

DATA sec. XIII

(G. Devoto, G.C. Oli, *Il Devoto-Oli*, Mondadori-Education, applicazione per smart-phone)

Quali delle informazioni seguenti si ricavano dalla lettura della voce?

Informazioni	Sì	No
a. Può essere, un avverbio, un aggettivo e un nome.		
b. Se è un nome, è maschile.		
c. È una parola che deriva dal latino.		
d. È divisibile in tre sillabe.		
e. Come aggettivo è meno usato di «peggiore».		
f. Come avverbio è una forma comparativa.		

6 Esegui l'analisi del seguente periodo: «Pioveva e tirava un forte vento, quando la donna uscì di corsa per andare incontro alla figlia, che stava rientrando dal lavoro e non aveva l'ombrello». La divisione è già stata effettuata. Metti una crocetta per ogni riga.

Frase	Principale	Coordinata alla principale	Coordinata alla subordinata	Subordinata			
				modale	relativa	temporale	finale
a. Pioveva							
b. e tirava un forte vento							
c. quando la donna uscì							
d. correndo							
e. per andare incontro alla figlia							
f. che stava rientrando dal lavoro							
g. e non aveva l'ombrello.							

7 Nella frase di Norberto Bobbio «Là dove si lascia che il colloquio si spenga [x] ivi la cultura stessa ha cessato di esistere», qual è il segno di punteggiatura corretto?

☐ A. Due punti.
☐ B. Punto e virgola.
☐ C. Punto.
☐ D. Virgola.

NOME ____________________ CLASSE ____________________

COGNOME ____________________ DATA ____________________

Prova 4

Prima parte della prova di italiano: lettura

Ricordi d'infanzia

Finché ebbe luce negli occhi, mio padre fece fotografie. Un intero scaffale si riempì di immagini nostre riprese nelle circostanze speciali come nelle comuni. Durò dieci anni, non di più, la raccolta: gli anni del primo benessere e della caduta della sua vista. Resta così documentata fino al dettaglio una sola età, forse l'unica che sono riuscito a dimenticare. Gli album, gli archivi non mi sorreggono la memoria, invece la sostituiscono.

Fu quello un tempo di spiazzamenti, tra i miei nove e i diciannove, quando avvennero traslochi in migliori quartieri e la povertà finì d'improvviso insieme con l'infanzia. A casa nuova, la bella, non si parlò più di quell'altra condizione: una strada in discesa, la pioggia in cucina, gli strilli del vicolo.

Dove abitavamo prima? In un'altra città. Si sentiva parlare il dialetto anche lì, ma era buia in fondo a un precipizio di scalini guasti.

Non parlavamo il napoletano. I genitori si difendevano dalla povertà e dall'ambiente con l'italiano.

Erano molto soli e non ricevevano amici, non potendo accoglierli nel minimo spazio. La guerra aveva distrutto i loro beni. Ne uscirono avendo perduto una precedente condizione di agiatezza. Furono sposi da non poter offrire un rinfresco. Questo cruccio l'ho sentito ripetere da loro come il simbolo di molti anni difficili. Poi vennero le trasformazioni che desiderarono e per le quali avevano resistito. A noi bambini, per ordine di apparizione prima io poi mia sorella, fu impartita una educazione che a me parve sempre adatta alla scarsezza di mezzi e di spazio: si parlava a bassa voce, si stava in tavola composti, cercando di non sporcare i pochi panni buoni. Ci si muoveva con disciplina nel piccolo alloggio. Ci fu meno attenzione per queste usanze nella casa nuova, ma a me restarono sempre nel cuore come segno di una misura mai più posseduta tra me e la porzione di mondo assegnatomi.

Non riuscivo a parlare bene. Mentre la mente comandava la prima lettera, la bocca premeva per emettere l'ultima. Ero balbuziente per fretta di concludere. In compenso sapevo trovare il punto di equilibrio degli oggetti. "In compenso": uso questo termine perché credo che le abilità abbiano un vincolo di reciprocità con le goffaggini. Riuscivo a tenere in bilico le cose per qualche durevole attimo: una forchetta restava diritta sulle punte come una ballerina quadrupede, una penna restava sul foglio a disegnare il punto. Perché poi il bilico delle cose dovesse ripagarmi del capitombolo delle parole in bocca, a questo non saprei rispondere, pur restando fermo nella convinzione che le due caratteristiche erano messe in me a bilanciamento.

Un racconto che mi segue dalla più remota memoria dice di un angelo che tocca la bocca dei bambini nell'ora della nascita. A me doveva aver dato un colpetto più forte, perciò ero balbuziente: questa era la variante della leggenda che mi veniva raccontata. Nelle notti del bambino che fui veniva spesso un angelo a bussare alla mia bocca, ma io non riuscivo ad aprirla per dirgli il benvenuto. Dopo un po' se ne andava e nel buio restavano le sue piume e le mie lacrime. Non raccontavo queste cose, però pensavo che gli adulti conoscevano male le storie, male la mia. Ero un bambino più assorto che quieto.

Come tutti desideravo un cane, impossibile da ottenere nel nostro poco spazio. Mi affezionai a una palla gialla dai molti colori sbiaditi e al suo buon odore di gomma. Quand'ero solo nella stanza la palla mi saltava addosso per la gioia e giocava a non farsi acchiappare. D'improvviso mia madre gridava di smetterla e la palla finiva sotto il letto per la paura. La sua voce governava il mio respiro e lo fermava appena alzava anche di poco il tono. Quella voce era molto del mondo che avevo. Imparai a udirla anche dietro i muri.

(da E. De Luca, *Non ora, non qui*, Feltrinelli, Milano 2003)

A1 Quali sono «gli anni del primo benessere» (riga 3)?

☒ A. Tra i nove e i diciannove anni del protagonista.
☐ B. Gli anni di povertà della famiglia del protagonista.
☐ C. Gli anni in cui il protagonista aveva ormai smesso di balbettare.
☐ D. Gli anni dell'età adulta del protagonista.

A2 In quale città vive il protagonista?

☒ A. A Napoli.
☐ B. Prima a Napoli, poi in un'altra città.
☐ C. Non si può capire dal testo.
☐ D. In una città del Nord Italia.

A3 Perché la famiglia del protagonista non parla il dialetto? Scrivilo.

La famiglia del protagonista non parla il dialetto per difendersi dalla povertà e dall'ambiente.

A4 Il termine «cruccio» (riga 18) è il contrario di

☐ A. preoccupazione.
☒ B. agiatezza.
☒ C. piacere.
☐ D. fastidio.

A5 Trovi qui di seguito in disordine le informazioni che riguardano le vicissitudini della famiglia protagonista. Disponile in ordine cronologico nella colonna di destra. La prima frase è già scritta.

a. Recuperata una condizione di benessere, la famiglia si sposta in quartieri migliori e in una bella casa.	1. *Prima della guerra, i genitori del protagonista vivevano in una condizione di agiatezza.*
b. Nascono due figli, il protagonista e sua sorella.	2. La guerra distrugge il benessere economico della famiglia del protag.
c. La guerra distrugge il benessere economico della famiglia del protagonista.	3. Dopo il matrimonio i genitori del protagonista vivono in una condizione di povertà.
d. Prima della guerra, i genitori del protagonista vivevano in una condizione di agiatezza.	4. Nascono i due figli, il protagonista e la sorella.
e. Dopo il matrimonio, i genitori del protagonista vivono in una condizione di povertà.	5. Recuperata una condizione di benessere la famiglia si sposta nei quartieri migliori e in una bella casa.

A6 Nelle frasi che seguono, tratte dal testo, inserisci le parole mancanti, poi scrivi quale stato d'animo del bambino di fronte alla propria balbuzie sia suggerito da tali espressioni.

«In compenso sapevo trovare il punto di equilibrio degli oggetti».
Stato d'animo: ~~Perplesso~~ Soddisfatto.

«Perché poi il bilico delle cose dovesse spogliarmi del capitombolo delle parole in bocca». Stato d'animo: Dubbioso.

«Dopo un po' se ne andava e nel buio restavano le sue piume e le mie lacrime».
Stato d'animo: Tristezza.

A7 Nella frase «a me restarono sempre nel cuore come segno di una misura mai più posseduta tra me e la porzione di mondo assegnatomi» (righe 24-26) trasforma nella forma esplicita i due participi «posseduta» e «assegnatomi».

A me restarono sempre nel cuore come segno di una misura che non avrei mai più posseduto tra me e la porzione di mondo che mi è stata assegnata.

A8 Il protagonista appare deluso dalla spiegazione che gli adulti hanno dato alla sua balbuzie. È una buona scelta, secondo te, raccontare ai bambini storie fantasiose con le quali spiegare fatti reali (gradevoli o sgradevoli) che li riguardano? Esprimi il tuo parere e giustificalo con argomenti ed esempi.

Secondo me ~~non~~ è giusto raccontare storie fantasiose ai bambini con le quali spiegare fatti reali, perché possono alleviare l'eventuale dolore che potrebbe causare quel fatto reale a un bambino. Per esempio se a un bambino si dicesse che non cammina perché un orsetto ha dato un brutto colpo alle sue gambe, quel bambino [illegible]

Le cause del bullismo

Il bullo è un individuo che prende in giro, spaventa, minaccia o che se la prende con chi è meno forte di lui. A scuola, con la minaccia o alzando la voce, il bullo induce i coetanei a fare ciò che vuole. Solitamente fa leva sul timore che incute nella vittima. La manipola tenendola in una condizione di paura, ricordandole di continuo, attraverso lo sguardo, i gesti, la comunicazione verbale o non verbale, che cosa potrebbe succederle. Ci sono ragazzini che fanno i prepotenti solo in compagnia degli amici o in seno alla banda. Spesso il bullo è considerato forte e autorevole e spesso è molto popolare e ammirato dai coetanei. Alcuni hanno bisogno di dominare, di guidare la banda. [...]

Per capire come aiutare la vittima a uscire da questa situazione, occorre sapere perché il prepotente si comporta così; perché gli viene data l'opportunità di farlo; come è possibile controllare, ridurre e, infine, sradicare questi comportamenti. Le risposte non sono semplici.

Eccovi un elenco di alcuni dei motivi per cui un compagno maltratta un altro.

Non sempre il bullo è un bambino con problemi. Alcuni godono di una certa popolarità e hanno buona attitudine al comando. Sono circondati da amici e sfruttano il sostegno del gruppo. Credono che le prepotenze li rendano più benvoluti o meglio accetti dai coetanei [...].

Spesso, genitori e insegnanti credono che il bullo si stia semplicemente divertendo. Gli adulti descrivono questi comportamenti come «una bravata» da ragazzi [...].

Le prepotenze attirano sul bullo l'attenzione del gruppo dei coetanei, a spese della vittima. [...]

Ancora, alcuni ritengono che l'aggressività li renda importanti, dia loro controllo, potere, senso di appartenenza, prestigio. Alcuni pensano che un comportamento aggressivo sia l'unico modo di risolvere un conflitto. A molti piace approfittare della loro forza e manipolare gli altri, amano dominare e fare del male.

È stato dimostrato che il bullo è più grosso, più forte, più aggressivo dei coetanei. In alcuni casi si tratta di un ragazzino che ha subito prepotenze quando era più piccolo: fare lo stesso con gli altri gli sembra un'occasione per pareggiare i conti oppure per riacquistare prestigio. Di solito, a causa del suo comportamento negativo, non rende bene a scuola, soprattutto nelle classi più alte.

Anche se, nell'intimo, prova infelicità e rabbia, dà di sé un'immagine positiva, di persona forte, e di solito appare del tutto sicuro di sé. [...]

Spesso il bullo proviene da una casa in cui manca il calore, l'accettazione affettuosa, una disciplina coerente, modelli di comportamento appropriati. Potrebbe essere lui stesso oggetto di violenze, a casa o a scuola. In genere, il minore impara a gestire i propri impulsi aggressivi seguendo gli esempi che vede a casa: se il genitore non sa esprimere la propria collera in modo costruttivo, con maturità, non sarà neppure in grado di educare il proprio figlio al rispetto per i compagni e per quello che provano. Il bambino imiterà il comportamento dei suoi e si indirizzerà verso una comunicazione di tipo aggressivo o passivo-aggressivo. Il risultato finale è scontato: il bambino impara a vessare gli altri, copiando chi gli

sta vicino. Nessuno gli ha insegnato che reca danno ad un'altra persona, nessuno lo ha responsabilizzato, nessuno gli ha insegnato un modo più accettabile di esprimere quel che sente o di rapportarsi agli altri. [...]
È stato scoperto che, a causa dell'incapacità di affrontare il conflitto e la violenza, molti bulli intraprendono una «discesa a spirale verso il basso» per il resto della loro esistenza. Il loro comportamento aggressivo ostacola l'apprendimento, le amicizie, il lavoro, le relazioni sentimentali, la capacità di guadagnare, la salute mentale. Sono più portati a trasformarsi in adulti asociali; i maschi sono più portati a picchiare le mogli, [...] a eccedere con l'alcool, a commettere crimini e a creare una nuova generazione di bulli. Manca loro la capacità di socializzare; sul lavoro, la loro è una presenza aggressiva, disgregante.

(da E. M. Field, *Difendere i figli dal bullismo*, trad. it. di N. Russo Del Santo, TEA, Milano 2005)

B1 Tra le frasi della seconda colonna scegli quelle che ti paiono sintetizzare adeguatamente il contenuto del testo scritto nella prima colonna. Metti una crocetta per ogni riga.

Testo	Frasi di sintesi	Adeguata	Non adeguata
«In genere, il minore impara a gestire i propri impulsi aggressivi seguendo gli esempi che vede a casa: se il genitore non sa esprimere la propria collera in modo costruttivo, con maturità, non sarà neppure in grado di educare il proprio figlio al rispetto per i compagni e per quello che provano. Il bambino imiterà il comportamento dei suoi e si indirizzerà verso una comunicazione di tipo aggressivo o passivo-aggressivo. Il risultato finale è scontato: il bambino impara a vessare gli altri, copiando chi gli sta vicino». (righe 37-44)	a. In genere i genitori non sanno controllarsi e sono violenti con i figli quando fanno i bulli.		X
	b. In genere i ragazzi adeguano il proprio comportamento al modello dei genitori e imparano da loro a essere aggressivi.	X	
	c. In genere i bulli adottano un comportamento passivo-aggressivo, che imita quello dei compagni.		X
	d. I bambini esprimono la propria collera in primo luogo nei confronti dei genitori, dai quali imparano a essere aggressivi.		X
	e. I bambini apprendono dai genitori il modo di controllare la propria aggressività: se i genitori sono violenti, i bambini tenderanno a imitarli e ad essere violenti a loro volta.	X	

B2 Quali delle seguenti caratteristiche, secondo il testo, sono proprie del bullo?

Caratteristiche	Sì	No
a. È sempre un bambino problematico.		
b. Ha bisogno di dominare.		
c. Proviene da una famiglia piena di calore e responsabile.		
d. È aggressivo e prepotente.		
e. È bravo a scuola.		
f. Ha un aspetto sempre infelice e arrabbiato.		
g. È circondato da amici.		

B3 A quale parola del testo si riferiscono i due pronomi «che» nel periodo «Il bullo è un individuo **che** prende in giro, spaventa, minaccia o **che** se la prende con chi è meno forte di lui» (righe 1-2)?

☐ A. Bullo.

☐ B. Lui.

☐ C. Individuo.

☐ D. Chi è meno forte.

B4 Qual è il sinonimo del verbo «vessare» (riga 43)?

☐ A. Copiare.

☐ B. Guardare.

☐ C. Confortare.

☐ D. Tormentare.

B5 Qual è lo scopo principale del testo?

☐ A. Individuare le caratteristiche delle vittime del bullo.

☐ B. Individuare le caratteristiche del gruppo in cui il bullo predomina.

☐ C. Individuare i motivi per cui il bullo si comporta così.

☐ D. Individuare i motivi per cui la vittima subisce le prepotenze del bullo.

B6 Che cosa significa l'espressione «È stato scoperto che, a causa dell'incapacità di affrontare il conflitto e la violenza, molti bulli intraprendono una "discesa a spirale verso il basso" per il resto della loro esistenza» (righe 47-49)?

- ☑ A. Il bullo non riesce a modificare il suo atteggiamento, ma lo peggiora nel corso di tutta la sua esistenza.
- ☐ B. Il bullo tende a instaurare relazioni positive.
- ☐ C. Il bullo non riesce a modificare il suo atteggiamento, ma si trasforma in un adulto responsabile.
- ☐ D. Il bullo ottiene successo in ambito lavorativo.

B7 Che tipo di testo è il brano che hai letto?

- ☑ A. Informativo.
- ☐ B. Narrativo.
- ☐ C. Regolativo.
- ☐ D. Espressivo.

La seconda vita dei rifiuti *hi-tech*

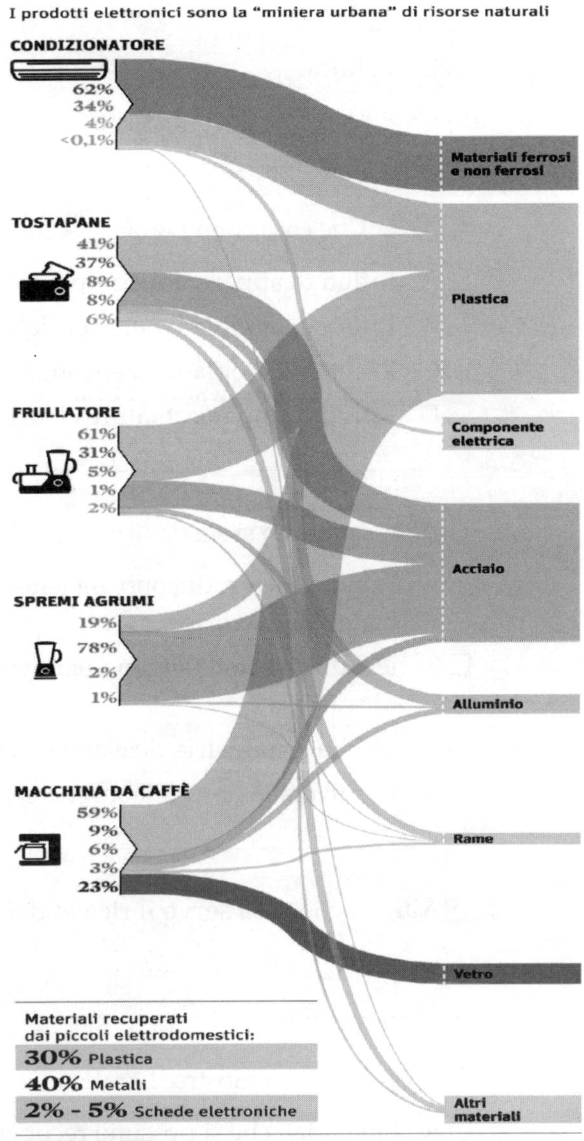

Piero Tessarolo, presidente del consorzio Ecoped, afferma che «L'industria è orientata già da diversi anni a produrre con un'ottica di successivo riciclo dei materiali, ma da sola può fare poco, mentre la collaborazione con la ricerca realizzata dai nostri atenei può dare una spinta decisiva in termini di innovazione e di business». La definizione di una normativa sui Raee, secondo Tessarolo, aiuta queste forme di collaborazione: «Si è ormai diffusa la convinzione che il rifiuto si può gestire bene e con costi predeterminabili», spiega. «E sappiamo bene come la possibilità di fare stime attendibili sia uno dei parametri più importanti per chi fa business». E trasformando così i Raee in una miniera urbana di risorse naturali, che può contribuire ad alleviare il deficit di materia prima che si sta affermando sui mercati a causa di una domanda che corre molto più rapidamente dell'offerta.

I dati del grafico aiutano a comprendere meglio le dimensioni di questo fenomeno: un condizionatore è formato per il 62% da materiali ferrosi, per il 34% da plastica e per il restante 4% da componenti elettriche. Il tostapane è composto per il 41% da plastica, per il 37% da acciaio, per l'8% da alluminio e rame e per il 6% da altri materiali. Mentre una macchina da caffè è caratterizzata per la maggior parte da plastica (59%), con il vetro che incide per il 23%, l'acciaio per il 9%, l'alluminio per il 6% e il rame per il 3%.

(adattato da www.ilsole24ore.com, 27 novembre 2010)

C1 Nel testo si riportano i pareri del

☐ A. presidente dei Raee.

☐ B. presidente della Repubblica Italiana.

☐ C. giornalista.

☐ D. presidente del consorzio Ecoped.

C2 Quale dei seguenti termini è sinonimo di «business» (riga 9)?

☐ A. Impresa.
☐ B. Ricchezza.
☐ C. Politica.
☐ D. Successo.

C3 Che cosa sono i «Raee» secondo te?

☐ A. Rifiuti di apparecchi europei ed esteri.
☐ B. Rifiuti di aeroplani europei elettrici.
☐ C. Rifiuti di aeroplani ed elicotteri.
☐ D. Rifiuti di apparecchiature elettriche ed elettroniche.

C4 Nel testo si sostiene che

☐ A. le industrie producono già tenendo conto della possibilità di riciclare i materiali di scarto.
☐ B. le industrie non tengono per niente conto della possibilità di riciclare i materiali di scarto.
☐ C. a volte le industrie riciclano i materiali di scarto.
☐ D. le università non collaborano con le industrie che riciclano.

C5 A che cosa serve il riciclo dei Raee?

....

C6 Che cosa mostra il grafico?

☐ A. I materiali che si possono recuperare dagli elettrodomestici.
☐ B. Di quale tipo sono gli elettrodomestici.
☐ C. Quali sono le industrie che riciclano.
☐ D. Le percentuali di materiali di cui sono composti gli elettrodomestici.

C7 Quale scopo ha il grafico che correda il testo?

☐ A. Aggiungere informazioni al testo.
☐ B. Visualizzare i dati presenti nel testo.
☐ C. Fornire dati relativi agli altri paesi europei.
☐ D. Dimostrare che non è possibile fare stime attendibili dei materiali recuperabili dagli elettrodomestici.

Seconda parte della prova di italiano: grammatica

1 Trasforma il seguente periodo dalla forma attiva a quella passiva:

«Il contadino ha bruciato i rami secchi ammucchiati nel cortile».

....

2 Con quale delle seguenti congiunzioni potresti unire le due frasi «Andrò a correre al parco» e «Piove a dirotto»?

☐ A. Benché.

☐ B. Sebbene.

☐ C. Anche se.

☐ D. Qualora.

3 Indica se nelle frasi seguenti «molto» e «poco» sono aggettivi indefiniti o avverbi di quantità. Metti una crocetta per ogni riga.

Frasi	Aggettivo indefinito	Avverbio di quantità
a. Ho **molto** lavoro da fare.		
b. Ho dormito **poco**.		
c. Ci hai messo **poco** impegno.		
d. Con te occorre **molta** pazienza.		
e. È trascorso **molto** tempo da allora.		
f. Sono stanco perché ho lavorato **molto**.		
g. Ho **poca** fiducia in lui.		

4 Indica la parola corrispondente a ciascuna coppia di definizioni. Osserva con attenzione l'esempio.

Il migliore amico dell'uomo / parte di un'arma da fuoco: *cane*

Ciocca pendente di capelli / parte terminale della colonna vertebrale: ....

Parte con cui l'albero si fissa al terreno / parte inferiore del dente: ....

Documento che certifica un pagamento / incantesimo: ....

Parte del corpo tra il collo e il braccio / attore che fornisce la battuta a un attore comico: ....

5 Individua la frase scritta in modo corretto.

☐ A. Mia madre mi ha detto: «Va' pure tranquillo, non c'è fretta».
☐ B. Mia madre mi a detto: «Va' pure tranquillo, non c'è fretta».
☐ C. Mia madre mi ha detto: «Va pure tranquillo, non c'è fretta».
☐ D. Mia madre mi ha detto: «Va' pure tranquillo, non cè fretta».

---

6 Nei periodi seguenti sono evidenziate le proposizioni subordinate implicite, espresse con il gerundio o con il participio. Indica il loro valore, scegliendo tra le seguenti possibilità

subordinata causale • subordinata ipotetica • subordinata relativa • subordinata temporale.

- **Continuando a correre con questo ritmo**, finirai per scoppiare. → ....
- **Tornando a casa**, mi sono fermata in pasticceria. → ....
- Il pacco **spedito tre giorni fa** non è ancora arrivato. → ....
- **Spaventato da un rumore**, il bimbo si svegliò all'improvviso. → ....

---

7 Individua il soggetto e il complemento oggetto nella frase «Ci hanno aiutato dei ragazzi più grandi di noi».

a. Soggetto: ....
b. Complemento oggetto: ....

---

8 In ciascun elenco di termini sottolinea l'intruso e spiega perché deve essere eliminato. Leggi l'esempio con attenzione.

<u>bambino</u>, ragazzino, giovinetto, pargoletto ***bambino non è un nome alterato***

a. gattino, leprotto, anatroccolo, cagnaccio ....
b. cotone, parolona, bacione, stradone ....
c. giovinastro, gentaglia, tipaccio, alabastro ....
d. vecchietto, passerotto, porticina, mattina ....
e. cartaccia, ragazzaccio, poverello, plebaglia ....

PROVE per la valutazione delle COMPETENZE

PROVA 1

NOME

COGNOME

CLASSE

DATA

COMPETENZA LINGUISTICA

Padroneggiare gli strumenti espressivi e argomentativi indispensabili per gestire l'interazione comunicativa verbale in vari contesti

COMPETENZE CHIAVE DI CITTADINANZA

Comunicare
Collaborare e partecipare
Individuare collegamenti e relazioni
Acquisire e interpretare l'informazione

OGGETTO

Testo orale

TEMPO

20 minuti per il confronto in classe + 30 minuti per l'organizzazione del proprio intervento + 10 minuti per l'esposizione orale

CONSEGNA

Il drammaturgo tedesco Bertolt Brecht (1898-1956) ha scritto Vita di Galileo *nel 1938; in quest'opera teatrale descrive lo scienziato pisano come un intellettuale che, chiamato davanti al tribunale dell'Inquisizione per aver sostenuto l'ipotesi eliocentrica proposta da Copernico (il Sole al centro del sistema solare) contro la dominante posizione geocentrica (la Terra al centro dell'universo), si sottrae alle proprie responsabilità verso il mondo e la cultura, abiurando il copernicanesimo.*
In un breve dialogo, riportato qui sotto, fra Galileo e il giovane discepolo Andrea, deluso dalla scelta dell'abiura, vengono proposte due visioni differenti del rapporto fra eroe e società.
Insieme ai compagni, e anche con l'aiuto dell'insegnante, definisci il concetto di "eroe" e comprendi il senso delle due affermazioni.
Dopo aver scelto quale dei due personaggi senti più vicino alla tua sensibilità, pensa e organizza un intervento orale, della durata di circa dieci minuti, in cui sostieni la tua posizione, con anche opportuni riferimenti a figure significative di eroi della storia, della letteratura, del fumetto o della cinematografia.
Esponi poi davanti alla classe il tuo discorso.

L'eroe

Dalla via si ode un banditore leggere l'abiura di Galileo.

VOCE DEL BANDITORE «Io, Galileo Galilei, lettore di matematiche nell'Università di Firenze, pubblicamente abiuro la mia dottrina che il sole è il centro del mondo e non si muove, e che la terra non è il centro del mondo e si muove. Con cuor sincero e fede non finta abiuro, maledico e detesto i suddetti errori ed eresie, e qualunque altro errore, eresia e setta contraria alla Santa Chiesa».

La scena si oscura. Quando torna la luce, si odono ancora i rintocchi della campana, che però cessano subito. Virginia è uscita; i tre discepoli di Galileo sono sempre in scena.

FEDERZONI Non t'ha mai pagato decentemente per il tuo lavoro! Non sei mai riuscito a pubblicare un libro tuo, e neanche a comprarti un paio di calzoni. Ecco il bel guadagno che hai fatto a «lavorare per la scienza»!

ANDREA *(forte)* Sventurata la terra che non ha eroi!

Galileo è entrato. Il processo lo ha trasformato radicalmente, fin quasi a renderlo irriconoscibile. Ha udito le parole di Andrea. Per alcuni istanti si ferma sulla soglia, aspettando un saluto. Ma poiché nessuno lo saluta, anzi i discepoli si allontanano da lui, egli avanza lentamente, col passo incerto di chi ci vede male, fino al proscenio; qui trova uno sgabello e si siede.

ANDREA Non posso guardarlo. Fatelo andar via.

FEDERZONI Sta' calmo.

ANDREA *(grida a Galileo)* Otre da vino! Mangialumache! Ti sei salvata la pellaccia, eh? *(Si siede)* Mi sento male.

GALILEO *(calmo)* Dategli un bicchier d'acqua.

Frate Fulgenzio esce e rientra portando un bicchier d'acqua ad Andrea. Nessuno mostra di accorgersi della presenza di Galileo, che siede in silenzio, nell'atto di ascoltare. Giunge di nuovo, da più lontano, il grido del banditore.

ANDREA Adesso riesco a camminare, se mi aiutate un po'.

Gli altri due lo sorreggono fino all'uscita. In questo momento Galileo incomincia a parlare.

GALILEO No. Sventurata la terra che ha bisogno di eroi.

Tratto da Bertolt Brecht, *Vita di Galileo*, Einaudi

INDICATORI PER LA VALUTAZIONE

1. comprensione corretta del pensiero espresso da Bertolt Brecht nel breve dialogo: **2** PUNTI
2. adeguata argomentazione della propria posizione: **3** PUNTI
3. organizzazione logica del proprio intervento: **3** PUNTI
4. chiarezza espositiva: **2** PUNTI

PUNTI	LIVELLO
0-5	Livello base non raggiunto
6	Livello base
7-8	Livello intermedio
9-10	Livello avanzato

PUNTEGGIO CONSEGUITO ______________________

LIVELLO ______________________

PROVA 2

COMPETENZA LINGUISTICA
Padroneggiare gli strumenti espressivi e argomentativi indispensabili per gestire l'interazione comunicativa verbale in vari contesti

COMPETENZE CHIAVE DI CITTADINANZA
Comunicare
Acquisire e interpretare l'informazione

OGGETTO
Aspetti morfosintattici e lessicali di un brano

TEMPO
90 minuti

NOME

COGNOME

CLASSE

DATA

CONSEGNA

Leggi con molta attenzione il testo di Danilo Mainardi dedicato all'esistenza di un'intelligenza animale e svolgi le attività che seguono sugli aspetti morfosintattici e lessicali del brano.

Gli animali sono intelligenti?

Ciò che desidero spiegare è che c'è tanta sapienza nascosta nella natura, tanta intelligenza. Noi però, con la nostra mente imbottita di pregiudizi, questa sapienza spesso non la cogliamo, non l'apprezziamo. E non sono intelligenti solo gli animali più evoluti, come le grandi scimmie, gli elefanti e i delfini, per non parlare appunto del cane e del gatto. Comportamenti intelligenti sanno produrli anche le specie più primitive e più semplici. Esiste infatti, preziosa, la sapienza degli istinti, diffusa in tutta la vita animale e capace di esprimere, e non raramente, risposte sorprendentemente raffinate. Una sapienza che, essendo oltretutto collaudata dalla selezione naturale, è la più adatta per consentire alle diverse specie non solo la sopravvivenza, ma una vita sana ed equilibrata. Salvo, purtroppo, quando interviene l'uomo, l'animale culturale per eccellenza, che proprio perché ha perso quasi completamente l'antica saggezza degli istinti, cioè le istruzioni di base per stare al mondo in equilibrio, può produrre, e in effetti produce, disastri a non finire. Strano animale è l'uomo, e sarà appunto il confronto con le altre specie a raccontarci, e spiegarci, il perché delle sue tante, e talora pericolose, peculiarità. [...]

L'intelligenza, per certi aspetti, è un po' come l'istinto: la gente comune sa benissimo di che si tratta, mentre gli studiosi non riescono mai a mettersi d'accordo. Il motivo è semplice. Gli studiosi vogliono definizioni precise, che descrivano concetti inequivocabili e soprattutto tali da consentire misurazioni che siano tra loro comparabili. Il che, sia per l'intelligenza che per gli istinti, è quasi un'utopia, trattandosi di fenomeni spesso compositi, e molte volte tra loro interdipendenti.

Partiamo allora dal sentire popolare, per cui l'intelligenza è la capacità di capire, di ragionare, di trarre logiche conclusioni che servano a risolvere problemi pratici e, per la nostra specie, anche teorici. Quanto all'istinto, mi piace definirlo (e sarà anche popolare ma non credo sia poi così sbagliato) come la sapienza, o la memoria, della specie, cioè quell'insieme di risposte prefabbricate (o scritte dentro) che vengono sparate fuori al momento giusto, indipendentemente, o quasi, dall'esperienza individuale.

Risposte che pure, ed egregiamente, servono a risolvere problemi. A stare al mondo, in definitiva. E qui si sente, forte, la mano, che è una garanzia, della selezione naturale.

Ebbene, non c'è specie animale, salvo rarissime eccezioni, che, se ci rifacciamo alle definizioni "popolari" date sopra, non possieda almeno una briciola di intelligenza e di comportamento istintivo.

Se affrontiamo il problema in un'ottica evolutiva e, soprattutto, adattativa, istinto e intelligenza sono complementari perché se cresce l'una cala l'altro, e viceversa. In questo senso: le specie più ricche di intelligenza sono povere di istinti, quelle ricche di istinti hanno minori capacità intellettive, e il motivo è facilmente comprensibile. Gli istinti, essendo risposte prefabbricate (memorizzate nel DNA), funzionano bene nelle specie adattate in un ambiente stabile, perché in questo caso i problemi sono quasi sempre gli stessi. È inutile fare individualmente tentativi, passare attraverso possibili errori. Meglio ereditare la soluzione per via genetica. Le specie che vivono in ambienti mutevoli, o che sono colonizzatrici, devono invece essere preparate a risolvere sempre problemi nuovi, non prevedibili. Chiaro che in questo caso gli istinti servono meno. Il che non significa solo essere capaci di apprendere, ma anche avere curiosità, sapere come usare ciò che si è appreso, fare collegamenti, esperimenti mentali e così via (perciò, e per tanto altro, l'intelligenza è un fenomeno composito). Per fare solo un esempio: al koala, che si nutre solo di foglie di eucalipti, non serve assaggiare ogni tipo di foglie per sapere cosa è commestibile, mentre i ratti, che mangiano un po' di tutto, non solo devono assaggiare ogni possibile alimento, ma devono anche imparare a evitare i veleni, ricordandosi di quelle sostanze che li hanno fatti stare male.

Tratto da Danilo Mainardi, *L'intelligenza degli animali*, Cairo

QUESITI

1 Riscrivi al tempo passato le righe 16-20, da *L'intelligenza, per certi aspetti...* fino a... *tra loro comparabili.* [**4** PUNTI]

2 Riscrivi al tempo passato le righe 31-33, da *Ebbene, non...* fino a... *comportamento istintivo.* [**3** PUNTI]

3 Indica il tipo di complemento presente nelle seguenti espressioni. [**3** PUNTI]

	complemento
con la nostra mente imbottita (riga 2)	
del cane e del gatto (riga 5)	
in equilibrio (riga 12)	
dal sentire popolare (riga 22)	
dall'esperienza individuale (riga 27)	
di intelligenza (riga 36)	

4 Indica il tipo di subordinata espresso dalle seguenti proposizioni e indica se sono implicite (IM) o esplicite (ES). [**6** PUNTI]

	subordinata	IM/ES
che c'è tanta sapienza nascosta nella natura (riga 1)		
essendo oltretutto collaudata dalla selezione naturale (righe 8-9)		
che descrivano concetti inequivocabili (riga 18-19)		
da consentire misurazioni (riga 19)		
A stare al mondo (riga 28)		
se cresce l'una (riga 35)		

5 La proposizione *trattandosi di fenomeni spesso compositi* (righe 20-21) è una subordinata causale implicita:

- scrivi un periodo in cui sia presente una causale implicita [**3** PUNTI]
- scrivi un periodo in cui sia presente una causale esplicita [**3** PUNTI]

6 La proposizione *fare individualmente tentativi* (riga 40) è una soggettiva:

- individua nel brano altre due proposizioni soggettive [**2** PUNTI]
- scrivi due periodi in cui siano presenti delle proposizioni soggettive [**6** PUNTI]

7 Spiega, con parole tue, le seguenti immagini metaforiche: [**6** PUNTI]

- *con la nostra mente imbottita di pregiudizi* (riga 2)
- *E qui si sente, forte, la mano della selezione naturale* (righe 29-30)
- *non possieda almeno una briciola di intelligenza e di comportamento istintivo* (righe 32-33)

8 Indica il corretto significato fra quelli proposti delle seguenti parole o espressioni nel contesto del brano. [**5** PUNTI]

peculiarità (riga 19)	1. finalità
	2. proprietà personali
	3. solitudine esistenziale
inequivocabili (riga 19)	1. che non si possono fraintendere
	2. che non si riescono a capire
	3. che non si possono definire
sentire popolare (riga 22)	1. le tradizioni locali
	2. il pensiero della gente comune
	3. i gusti delle persone incolte
per via genetica (riga 41)	1. apprendendola dai genitori
	2. utilizzando l'ingegno
	3. attraverso i geni
veleni (riga 50)	1. sostanze tossiche
	2. cibi avariati
	3. bevande mortali

9 Trova un sinonimo per le seguenti espressioni adatto al contesto. [**9** PUNTI]

Salvo (riga 10)	
comparabili (riga 19)	
trarre (riga 23)	
vengono sparate (riga 26)	
garanzia (riga 29)	
ottica (riga 34)	
mutevoli (riga 43)	
servono meno (riga 44)	
commestibile (riga 48)	

10 Costruisci un periodo in cui compaiano le parole *intelligente*, *istinto*, *ratto*, *ambiente* e il cui contenuto sia coerente con quanto affermato nel brano di Danilo Mainardi. [**4** PUNTI]

11 L'autore definisce l'istinto (righe 24-26) come *la sapienza, o la memoria, della specie*. Nel linguaggio comune i termini *istinto*, *sapienza* e *memoria* non vengono però usati di solito come sinonimi: scrivi una frase per ciascuno di questi termini da cui si deduca la loro differenza di significato. [**6** PUNTI]

PUNTI	LIVELLO
1-29	Livello base non raggiunto
30-40	Livello base
41-50	Livello intermedio
51-60	Livello avanzato

PUNTEGGIO CONSEGUITO ______________________

LIVELLO ______________________

PROVA 3

NOME

COGNOME

CLASSE

DATA

COMPETENZA LINGUISTICA

Padroneggiare gli strumenti espressivi e argomentativi indispensabili per gestire l'interazione comunicativa verbale in vari contesti

COMPETENZE CHIAVE DI CITTADINANZA

Comunicare
Individuare collegamenti e relazioni
Acquisire e interpretare l'informazione

OGGETTO

Registri linguistici

TEMPO

60 minuti

CONSEGNA

Ti presentiamo cinque testi di vario contenuto e di differente registro linguistico. Leggili con attenzione e rispondi alle domande che seguono.

TESTI

1

Cari genitori,

la mia lettera vi procurerà un grande dolore, ma vi ho visti così pieni di coraggio che, non ne dubito, continuerete a mantenerlo, se non altro per l'amore che avete per me. Voi non potete sapere ciò che moralmente ho sofferto nella mia cella, ciò che ho sofferto nel non vedervi più, di non sentire più su di me le vostre tenere cure, se non di lontano. Durante questi 87 giorni di cella il vostro amore mi è mancato più che i vostri pacchi e spesso vi ho domandato di perdonare il male che vi ho procurato, tutto il male che vi ho procurato. Non potete sospettare quanto vi ami oggi, perché prima vi amavo piuttosto per abitudine, ma ora comprendo tutto quello che avete fatto per me e credo di essere arrivato all'amore filiale, al vero amore filiale. Forse dopo la guerra un compagno vi parlerà di me, di questo amore che gli ho comunicato. Spero non venga meno a questa missione ormai sacra.

Tratto da Henry Fernet (studente liceale francese sedicenne), *Lettere di condannati a morte della Resistenza europea*, Einaudi

2

Il rapido per Milano è in partenza sul binario dieci con trenta minuti di ritardo.

3

Domando a Philippe se ha assimilato la nozione di linguaggio proprio e linguaggio figurato di cui abbiamo parlato il giorno prima.

«Linguazo proprio e linguazo figurato? Certo, profeffore! Ho molti esempi da proporle!»

«Prego, Philippe, ti ascoltiamo.»

«Ecco, allora, ieri a casa c'erano degli ofpiti a cena. La mamma mi ha presentato in linguaggio figurato. Ha detto: "È Philippe, il mio piccolo, l'ultimo". Sono l'ultimo, è vero, almeno per ora, ma per niente piccolo, aanzi, piuttofto alto per la mia età! "Manza come un uzzellino." È una ftupidazzine, gli uzzellini manzano una volta al zorno una quantità di cibo pari al loro peso, e io non manzo quasi niente. Ha detto anche che ero fempre con la tefta tra le nuvole, invece ero lì a tavola con loro, tutti potevano teftimoniarlo! A me, inveze, ha parlato folo in linguazo proprio: "Tazi, puliffiti la bocca, non mettere i gomiti ful tavolo, faluta e vai a dormire..."»

Tratto da Daniel Pennac, *Diario di scuola*, Feltrinelli

4

L'attività politico-diplomatica del papa romano, espletata sia nel 452 con Attila sia nel 455 con i vandali, era il segno di un cambiamento profondo in atto: le strutture istituzionali dell'impero romano erano in molti casi crollate e gli unici in grado di sopperirvi erano gli uomini di chiesa, spesso di estrazione nobiliare e, quindi, di antica tradizione di governo. Non pochi vescovi, infatti, provenivano dalle medesime famiglie romane che per secoli avevano fornito all'amministrazione imperiale funzionari e governanti; in tal modo la funzione pubblica del potere, lasciata cadere dagli apparati imperiali soprattutto quanto alla sicurezza dei cittadini, fu raccolta dalle strutture ecclesiastiche, che peraltro avevano una lunga esperienza nell'assistenza ai bisognosi.

Tratto da Marco Meschini-Roberto Persico, *I giorni della storia. Dal III secolo d.C. al Trecento*, Archimede edizioni

5

Requisiti e formazione degli addetti al pronto soccorso

a. Gli addetti al pronto soccorso, designati ai sensi dell'articolo 12, comma 1, lettera b), del decreto legislativo 19 settembre 1994, n. 626, sono formati con istruzione teorica e pratica per l'attuazione delle misure di primo intervento interno e per l'attivazione degli interventi di pronto soccorso.

b. La formazione dei lavoratori designati è svolta da personale medico, in collaborazione, ove possibile, con il sistema di emergenza del Servizio Sanitario Nazionale. Nello svolgimento della parte pratica della formazione, il medico può avvalersi della collaborazione di personale infermieristico o di altro personale specializzato.

Tratto da ANPAS LOMBARDIA, *Appunti di primo soccorso*

QUESITI

1 Indica a quale registro linguistico (formale, medio, informale) appartiene ciascuno dei brani proposti. [**5** PUNTI]

TESTO 1	
TESTO 2	
TESTO 3	
TESTO 4	
TESTO 5	

2 Il registro linguistico dipende, fra l'altro, anche dalla situazione comunicativa, cioè dal contesto concreto in cui avviene la comunicazione. Per ciascuno dei testi proposti illustra in una riga il contesto comunicativo. Poni particolare attenzione al TESTO 3 in cui all'interno del primo dialogo si racconta di un altro dialogo: dovrai pertanto indicare le due situazioni. [**6** PUNTI]

TESTO 1	
TESTO 2	
TESTO 3	situazione 1
	situazione 2
TESTO 4	
TESTO 5	

3 Il TESTO 1 mostra un legame affettivo fra il mittente e il destinatario: quali termini o espressioni evidenziano maggiormente questo aspetto? [**3** PUNTI]

4 Riscrivi il TESTO 2, tenendo conto che l'informazione ti viene fornita da un passeggero che rischia, per colpa del ritardo, di perdere la coincidenza per tornare a casa dopo una giornata di lavoro. [**3** PUNTI]

5 I testi che affrontano un argomento complesso o specialistico ricorrono a termini propri del linguaggio settoriale a cui appartengono; ritrova questi termini nel testo o nei testi che presentano un registro formale e ufficiale. [**3** PUNTI]

PUNTI	LIVELLO
1-9	**Livello base non raggiunto**
10-13	**Livello base**
14-17	**Livello intermedio**
18-20	**Livello avanzato**

PUNTEGGIO CONSEGUITO ______

LIVELLO ______

PROVA 4

COMPETENZA LINGUISTICA
Leggere, comprendere e interpretare testi scritti di vario tipo

COMPETENZE CHIAVE DI CITTADINANZA
Comunicare
Individuare collegamenti e relazioni
Acquisire e interpretare l'informazione

OGGETTO
Lettura, comprensione, interpretazione di un testo letterario

TEMPO
45 minuti

NOME

COGNOME

CLASSE

DATA

CONSEGNA

Leggi con attenzione il testo proposto e rispondi con precisione alle domande.

Umiliazione

Andavo a scuola il mattino, ben chiusa in una mantella di lana ruvida, gli scarponcini ai piedi perché la strada era tanta, e il viale che conduceva in città lungo il torrente era spazzato spesso da un vento rabbioso che gelava ogni pezzetto di pelle lasciata nuda. Mia madre mi avvolgeva in una sciarpa per ripararmi il naso che era sempre gelido come una pallina di marmo, ma io ero contenta: a scuola, finalmente, stavo con bambini come me, e mi divertivo. Imparai subito a leggere e le favole divennero il mio gioco prediletto.

I libri me li imprestava la maestra: ce n'era una serie dai titoli fioriti, come *Fate e rose*, *Fate e margherite*, *Fate e tulipani*, ecc. e un'altra di cui ricordo solo un titolo: *Maghi e fate*. Ad ogni buon conto, finii in un tempo che parve alla maestra mostruosamente breve l'intera bibliotechina di classe. Lei mi sgridò e mandò a chiamare mia madre. Che pianse quando la maestra le disse, me presente, che con quel passo di lettura non sarei arrivata lontano: la tremenda vecchietta - era brava a insegnare ma aveva modi aspri, che contrastavano con la neve dei capelli - profetizzò la mia imminente totale cecità.

Tra parentesi, fino a questo momento, la mia vista è stata la funzione del mio

Prove per le competenze

corpo che ho esercitato meglio, con una salute invidiabile: ho conosciuto occhiali soltanto quando gli anni ahimè! me l'hanno alterata: invecchiando, si sa, si vede meglio da lontano che da vicino e per leggere bisogna ricorrere agli occhiali.

A proposito di fiabe e della mia maestra un po' crudelmente sbrigativa con i bambini, devo a lei il mio primo esperimento e la prima bruciante bocciatura a un tentativo personale di linguaggio. Andò così: una volta la settimana si lavorava in classe, a cucire e a ricamare: ogni scolara aveva un centrino, una camiciola, qualcosa su cui usare i fili, gli aghi, le forbicine che tenevamo racchiusi in un sacchetto; ricordo ancora il mio, preparato dalla mamma, in tela bianca, con un uccello ricamato tutto azzurro, che teneva nel lungo becco giallo un tralcio di glicine viola. Quel giorno la maestra distribuiva lei un filo nuovo da ricamo: io ero rimasta senza e mi mossi, con il cuore che batteva forte, verso la cattedra: mi ero preparata una frase che mi sembrava bellissima e che ebbe sulla maestra, e su di me in conseguenza, un effetto disastroso. La frase era questa: «Signora maestra, può darmi una gugliata di refe?» La maestra mi guardò stupita, mi fece ripetere le parole splendenti che avevo messo insieme con tanta cura, poi rovesciò indietro la testa esplodendo in una risata larga, sonora, rombante, che mi umiliò fino alla desolazione. Dovevo aver letto la parola insolita che avevo usato per chiedere il filo, in qualche favola, e non sapevo ancora che ci sono diversi livelli di linguaggio.

Io ero semplicemente una bambina che imparava una lingua straniera e l'imparava da zero, perché in casa usavamo solo il dialetto. Quella risata mi ferì a morte e per molto tempo evitai di rivolgere la parola alla maestra se non ero interrogata.

Tratto da Gina Lagorio, *La terra negli occhi*, SEI

QUESITI

1 Quali informazioni si ricavano dal testo riguardo a tempo e luogo in cui si colloca la vicenda narrata? Si ricava che il tempo era molto remoto rispetto a oggi e a scuola, ~~alcuna~~ paese di provincia. **[1 PUNTO]**

2 Completa la seguente tabella sul personaggio della maestra. **[1 PUNTO]**

Età	Abbastanza anziata
Aspetto fisico	Capelli bianchi
Carattere	Molto sbrigativa con i bambini

3 A quali attività scolastiche fa riferimento l'autrice raccontando le sue esperienze? **[1** PUNTO**]**

4 Aveva ragione la maestra a profetizzare la totale cecità della protagonista a causa della sua passione per la lettura? Perché? **[1** PUNTO**]**

Probabilmente ha fatto bene, perché ha fatto capire che leggeva molto velocemente ma senza capire.

5 Quale azione della protagonista provoca la risata della maestra? **[2** PUNTI**]**

6 Perché la protagonista chiama *straniera* la lingua che apprende in classe? **[1** PUNTO**]**

7 Scegli un nuovo titolo per questo brano che ne indichi il contenuto fondamentale. **[1** PUNTO**]**

8 Come si può definire il testo narrativo proposto? Una pagina di diario, un monologo, un brano autobiografico, un racconto storico? Quali elementi testuali giustificano la tua risposta? **[2** PUNTI**]**

5) Che la protagonista da bambina aveva costruito frasi con un linguaggio giudicato alto.

PUNTI	LIVELLO
0-5	Livello base non raggiunto
6	Livello base
7-8	Livello intermedio
9-10	Livello avanzato

PUNTEGGIO CONSEGUITO ____________________

LIVELLO ____________________

6) Perché nella sua casa si parlava solo il dialetto, quindi parlare l'italiano era come parlare un'altra lingua, per lei.

7) Il mio primo esperimento di linguaggio andato male.

8) È un brano autobiografico siccome sembra che la protagonista voglia raccontare ad altri un'esperienza vissuta da lei quando era bambina.

(La struttura del testo è soggettiva e ... nello ...)

Prove per le competenze

PROVA
5

NOME

COGNOME

CLASSE

DATA

COMPETENZA LINGUISTICA
Leggere, comprendere e interpretare testi scritti di vario tipo

COMPETENZE CHIAVE DI CITTADINANZA
Comunicare
Individuare collegamenti e relazioni
Acquisire e interpretare l'informazione

OGGETTO
Lettura, comprensione, interpretazione di un testo non letterario

TEMPO
60 minuti

CONSEGNA

Leggi con attenzione il testo proposto e rispondi con precisione alle domande.

L'effetto serra e il cambiamento del clima

In passato il cambiamento climatico del Pianeta era legato a cause naturali. I cambiamenti climatici dei quali siamo oggi testimoni e quelli che si verificheranno nel prossimo futuro, invece, sono prevalentemente causati dall'uomo che, bruciando combustibili fossili in tutte le sue attività, rilascia in atmosfera quantità di anidride carbonica tali da incrementare pericolosamente l'effetto serra. Il calore che rimane intrappolato nell'atmosfera provoca un riscaldamento globale: le temperature del Pianeta stanno aumentando, gli impatti dei cambiamenti climatici si sentono in tutto il mondo e mettono a rischio il nostro futuro. Capiamo insieme cos'è l'effetto serra.

Il motore del sistema climatico terrestre è il Sole. È l'energia solare a stabilire in prima battuta che tempo fa sulla Terra. Ma è l'intercessione degli altri componenti del sistema a completare il quadro, contribuendo a definire le condizioni meteorologiche finali attraverso una serie di complessi meccanismi. Il più importante, e conosciuto, di questi meccanismi è l'effetto serra, individuato già nel 1824 da Jean-Baptiste Fourier.

Fourier, un fisico e matematico francese, amico di Napoleone, aveva infatti intuito una proprietà dell'atmosfera terrestre simile a quella dei vetri di una serra. In una serra i raggi solari passano attraverso la copertura fatta di pannelli di vetro e riscaldano il suolo all'interno. Il calore, risalendo dal suolo, riscalda l'aria mentre i vetri impediscono all'aria di uscire. Tutto ciò permette alla serra di diventare un posto caldo dove le piante possono crescere e fiorire.

Nel caso del clima, il calore proveniente dal Sole viene riflesso dalla superficie terrestre e dagli oceani. Questa radiazione diretta verso lo spazio (in senso contrario a quella solare) viene in parte trattenuta dall'atmosfera, che così contribuisce ad aumentare le temperature terrestri.

A permettere questa "intercettazione", come dimostrato a metà dell'Ottocento da un altro fisico, l'irlandese John Tyndall, è una serie di gas contenuti nell'atmosfera: trasparenti nei confronti della luce solare, i cosiddetti gas serra, sono invece opachi una volta che i raggi solari riflessi dalla Terra da luminosi si trasformano in infrarossi.

Ad agire in questo modo, a fare quindi le veci del vetro di una serra (anche se, ovviamente, in questo caso non esiste una barriera fisica alla circolazione dell'aria), sono il vapore acqueo e alcuni gas come anidride carbonica, metano, ozono, ecc. I principali componenti dell'atmosfera, invece, gas come azoto, ossigeno e argon (che rappresentano circa il 99% del sottile strato che circonda il nostro Pianeta), non hanno nessuna capacità di trattenere il calore, essendo trasparenti tanto alla radiazione solare luminosa quanto a quella non luminosa.

L'effetto serra è dunque un fenomeno naturale. Senza di esso la Terra sarebbe un posto molto più freddo di quello attuale, sul quale la vita si sarebbe difficilmente evoluta. La potenza della sola radiazione solare, infatti, non sarebbe sufficiente a sostenere la vita.

Ma da alcuni decenni gli effetti dell'azione dell'uomo hanno ingigantito questo fenomeno, dando vita ai cambiamenti climatici. Il riscaldamento della temperatura ha effetti molto gravi sugli ecosistemi, che non riescono ad adattarsi a cambiamenti così rapidi.

La combustione di fonti energetiche fossili - ovvero il carbone, il petrolio e il gas - determina infatti l'emissione di grandi quantità di anidride carbonica che si trasferiscono nell'atmosfera, che avvolgendo la Terra intrappola il calore, provocando così l'innalzamento della temperatura globale.

Tratto da http://www.wwf.it

QUESITI

1 Alla luce di quanto proposto dal testo, quali delle seguenti affermazioni sono vere? [**0,5** PUNTI PER RISPOSTA CORRETTA]

a. I cambiamenti climatici sono sempre causati solo dall'azione dell'uomo	V	F
b. Il fenomeno dell'effetto serra è stato studiato e conosciuto fin dall'Ottocento	V	F
c. I raggi solari si trasformano in infrarossi quando vengono riflessi dalla Terra	V	F
d. L'insieme dei gas presenti nell'atmosfera ha la capacità di trattenere il calore dei raggi solari	V	F
e. L'effetto serra ha permesso lo sviluppo della vita	V	F
f. L'eccessivo e repentino aumento delle temperature non permette l'adattamento degli ecosistemi	V	F

2 Per quale motivo il fenomeno trattato nel brano prende il nome di "effetto serra"? [**1** PUNTO]

3 Qual è stato il contributo del fisico irlandese John Tyndall alla conoscenza dell'effetto serra? [**1** PUNTO]

4 Quali sono i fattori che intervengono a determinare l'effetto serra? [**1** PUNTO]

5 Così come viene presentato, l'effetto serra è oggi un problema grave per il futuro della vita sulla Terra o no? Perché? [**2** PUNTI]

6 Il testo che hai letto appartiene, secondo te, alla tipologia narrativa, argomentativa o espositiva? Quali aspetti caratteristici di tale tipologia si possono riconoscere? [**2** PUNTI]

PUNTI	LIVELLO
0-5	Livello base non raggiunto
6	Livello base
7-8	Livello intermedio
9-10	Livello avanzato

PUNTEGGIO CONSEGUITO ____________________

LIVELLO ____________________

PROVA

6

NOME

COGNOME

CLASSE

DATA

COMPETENZA LINGUISTICA

Leggere, comprendere e interpretare testi scritti di vario tipo

COMPETENZE CHIAVE DI CITTADINANZA

Comunicare
Individuare collegamenti e relazioni
Acquisire e interpretare l'informazione

OGGETTO

Lettura, comprensione, interpretazione di un testo non letterario

TEMPO

60 minuti

CONSEGNA

Leggi con attenzione il testo proposto e rispondi con precisione alle domande.

Lettera sulla guerra

A volte mi chiedo se il senso di frustrazione, d'impotenza che molti, specie fra i giovani, hanno dinanzi al mondo moderno è dovuto al fatto che esso appare loro così complicato, così difficile da capire che la sola reazione possibile è crederlo il mondo di qualcun altro: un mondo in cui non si può mettere le mani, un mondo che non si può cambiare. Ma non è così: il mondo è di tutti.

Eppure, dinanzi alla complessità di meccanismi disumani - gestiti chi sa dove, chi sa da chi - l'individuo è sempre più disorientato, si sente perso, e finisce così per fare semplicemente il suo piccolo dovere nel lavoro, nel compito che ha dinanzi, disinteressandosi del resto e aumentando così il suo isolamento, il suo senso di inutilità. Per questo è importante, secondo me, riportare ogni problema all'essenziale. Se si pongono le domande di fondo, le risposte saranno più facili.

Vogliamo eliminare le armi? Bene: non perdiamoci a discutere sul fatto che chiudere le fabbriche di fucili, di munizioni, di mine anti-uomo o di bombe atomiche creerà dei disoccupati. Prima risolviamo la questione morale. Quella economica l'affronteremo dopo. O vogliamo, prima ancora di provare, arrenderci al fatto che l'economia determina tutto, che ci interessa solo quel che ci è utile?

«In tutta la storia ci sono sempre state le guerre. Per cui continueranno ad esserci», si dice. «Ma perché ripetere la vecchia storia? Perché non cercare di cominciarne una nuova?» rispose Gandhi a chi gli faceva questa solita, banale obiezione.

Guardiamoci allo specchio. Non ci sono dubbi che nel corso degli ultimi millenni abbiamo fatto enormi progressi. Siamo riusciti a volare come uccelli, a nuotare sott'acqua come pesci, andiamo sulla Luna e mandiamo sonde fin su Marte. Ora siamo persino capaci di clonare la vita. Eppure, con tutto questo progresso non siamo in pace né con noi stessi né col mondo attorno. Abbiamo appestato la Terra, dissacrato fiumi e laghi, tagliato intere foreste e reso infernale la vita degli animali, tranne quella di quei pochi che chiamiamo "amici" e che coccoliamo finché soddisfano la nostra necessità di surrogato di compagnia umana.

Il grande progetto materiale non è andato di pari passo col nostro progresso spirituale. Anzi: forse da questo punto di vista l'uomo non è mai stato tanto povero da quando è diventato così ricco. Da qui l'idea che l'uomo, coscientemente, inverta questa tendenza e riprenda il controllo di quello straordinario strumento che è la sua mente. Quella mente, finora impegnata prevalentemente a conoscere e ad impossessarsi del mondo esterno, come se quello fosse la sola fonte della nostra sfuggente felicità, dovrebbe rivolgersi anche all'esplorazione del mondo interno, alla conoscenza di sé.

Ancor più che fuori, le cause della guerra sono dentro di noi. Sono in passioni come il desiderio, la paura, l'insicurezza, l'ingordigia, l'orgoglio, la vanità. Lentamente bisogna liberarcene. Dobbiamo cambiare atteggiamento. Cominciamo a prendere le decisioni che ci riguardano e che riguardano gli altri sulla base di più moralità e meno interesse. Facciamo più quello che è giusto, invece di quel che ci conviene.

Educhiamo i figli ad essere onesti, non furbi.

Visti dal punto di vista del futuro, questi sono ancora i giorni in cui è possibile fare qualcosa. Facciamolo. A volte ognuno per conto suo, a volte tutti insieme. Questa è una buona occasione.

Il cammino è lungo e spesso ancora tutto da inventare.

Allora: Buon Viaggio! Sia fuori che dentro.

Tratto da Tiziano Terzani, *Lettere contro la guerra*, Longanesi

QUESITI

1 Quali delle seguenti sono affermazioni proposte dall'autore? [**0,5** PUNTI PER RISPOSTA CORRETTA]

a. I giovani spesso sanno guardare il mondo moderno con fiducia e ottimismo	Sì	No
b. L'umanità nel corso della storia non ha fatto progressi sul piano morale	Sì	No
c. La mente umana è stata capace di conoscere e modificare il mondo esterno	Sì	No
d. La situazione attuale è ormai irrimediabile senza un intervento da parte di un organismo sovranazionale	Sì	No

2 Perché l'autore afferma che *Se si pongono le domande di fondo, le risposte saranno più facili* (righe 10-11)? [**1** PUNTO]

3 L'autore propone, circa a metà del testo, due possibili controargomentazioni alla sua riflessione: quali? [**1** PUNTO]

4 Alla luce del pensiero dell'autore, come si può interpretare la conclusione del testo: *Allora: Buon Viaggio! Sia fuori che dentro* (riga 46)? Perché *Viaggio* viene scritto con la lettera maiuscola? [**2** PUNTI]

5 Sintetizza in non più di due righe la tesi fondamentale che Tiziano Terzani vuole sostenere in questo testo. [**2** PUNTI]

6 Dividi il testo in sequenze, indicando per ciascuna le righe di inizio e fine e un titoletto riassuntivo. [**2** PUNTI]

PUNTI	LIVELLO
0-5	Livello base non raggiunto
6	Livello base
7-8	Livello intermedio
9-10	Livello avanzato

PUNTEGGIO CONSEGUITO ____________

LIVELLO ____________

PROVA 7

NOME

COGNOME

CLASSE

DATA

COMPETENZA LINGUISTICA
Produrre testi di vario tipo in relazione ai differenti scopi comunicativi

COMPETENZE CHIAVE DI CITTADINANZA
Comunicare
Acquisire e interpretare l'informazione

OGGETTO
Scrittura di un testo narrativo-descrittivo

TEMPO
90 minuti

CONSEGNA

A partire dalla breve nota d'agenzia proposta, scrivi un articolo di almeno due facciate di foglio protocollo, da pubblicare su un quotidiano a diffusione locale. La comunicazione deve essere chiara ed esauriente: dovrai quindi inventare il nome della persona coinvolta, il luogo e il momento in cui l'episodio si è verificato.
Puoi ampliare le informazioni fornite dalla traccia, riportando inoltre i commenti della gente comune o di esperti, evidenziando la pericolosità degli animali selvatici o, ancora, i rischi della caccia. Puoi anche proporre in modo autonomo sottolineature o precisazioni ulteriori purché coerenti e verosimili. Predisponi un titolo che sia sintetico ed efficace.

Notizia d'agenzia

«Vistosi caricato da un cinghiale, un uomo di cinquantasei anni è morto durante una battuta di caccia. A determinare il decesso sarebbe stato lo spavento ricevuto e non le ferite causate dall'animale, contro il quale il cacciatore aveva sparato poco prima.»

INDICATORI PER LA VALUTAZIONE:

1. efficacia del titolo: **1** PUNTO
2. completezza dell'informazione: **3** PUNTI
3. chiarezza e coerenza espositiva: **4** PUNTI
4. correttezza formale: **2** PUNTI

PUNTI	LIVELLO
0-5	Livello base non raggiunto
6	Livello base
7-8	Livello intermedio
9-10	Livello avanzato

PUNTEGGIO CONSEGUITO

LIVELLO

PROVA
8

NOME

COGNOME

CLASSE

DATA

COMPETENZA LINGUISTICA
Produrre testi di vario tipo in relazione ai differenti scopi comunicativi

COMPETENZE CHIAVE DI CITTADINANZA
Comunicare
Risolvere problemi
Individuare collegamenti e relazioni
Acquisire e interpretare l'informazione

OGGETTO
Scrittura di un testo espositivo

TEMPO
120 minuti

CONSEGNA

In una scuola secondaria superiore è stata effettuata un'indagine su un campione di studenti sul clima comunicativo presente in classe, partendo dalla constatazione che il contesto in cui avviene la comunicazione fra docente e studenti influenza il raggiungimento degli obiettivi educativi e didattici.
Ti vengono presentate le domande del questionario e le risposte ottenute. Scrivi, alla luce di questi dati, una relazione di non più di due facciate di foglio protocollo, in cui:
- *illustri le finalità della ricerca;*
- *indichi il numero e la tipologia di persone coinvolte nel questionario;*
- *descrivi nel complesso le condizioni in cui si svolge la lezione nella scuola;*
- *riporti, in dati percentuali, gli elementi che vengono percepiti come favorevoli alla comunicazione e quelli che vengono sentiti come ostacolo a un efficace contesto di comunicazione in classe;*
- *illustri, come proposte, alcune indicazioni per favorire un miglioramento della comunicazione durante l'attività didattica.*

QUESTIONARIO

1. A tuo avviso in classe si realizzano condizioni adeguate di silenzio, attenzione e partecipazione per seguire produttivamente la lezione?

a. Sempre	9	= 15%
b. Solo in parte	43	= 72%
c. Mai	7	= 12%
d. Non risponde	1	= 1%

2. Che cosa ti aspetti maggiormente dall'insegnante: (max 2 risposte)

a. che renda più comprensibile agli alunni il libro di testo	13 = 22%
b. che sappia rendere chiaro agli alunni l'argomento trattato	53 = 88%
c. che usi un linguaggio comprensibile	13 = 22%
d. che sappia imporre la disciplina	7 = 12%
e. che renda più comprensibile l'intervento di un alunno	9 = 15%
f. che dopo l'esposizione proponga un'esercitazione per applicare i concetti	21 = 35%
g. altro	3 = 5%

3. Secondo te, per rendere più efficace la lezione in classe, si dovrebbe soprattutto: (max 2 risposte)

a. ascoltare la lezione nel massimo silenzio	34 = 57%
b. essere meno distratti	26 = 43%
c. lavorare in piccoli gruppi	8 = 13%
d. partecipare attivamente ponendo domande	22 = 37%
e. usare di più i laboratori	25 = 42%
f. altro	2 = 3%

4. In base alla tua esperienza scolastica quotidiana, con quali delle seguenti affermazioni ti trovi più d'accordo o in disaccordo?

a. Il docente ripropone, chiarisce, incoraggia, loda le idee dello studente. Le riassume o le commenta senza rifiutarle.	D'accordo	48 = 80%
	In disaccordo	8 = 13%
	Non risponde	4 = 7%
b. Il docente critica, ignora o scoraggia le idee dell'alunno.	D'accordo	10 = 17%
	In disaccordo	47 = 78%
	Non risponde	3 = 5%

INDICATORI PER LA VALUTAZIONE

1. corretto utilizzo dei dati: **1** PUNTO
2. completezza delle informazioni proposte: **3** PUNTI
3. chiarezza e ordine delle informazioni: **4** PUNTI
4. correttezza formale e precisione terminologica: **2** PUNTI

PUNTI	LIVELLO
0-5	Livello base non raggiunto
6	Livello base
7-8	Livello intermedio
9-10	Livello avanzato

PUNTEGGIO CONSEGUITO ____________________

LIVELLO ____________________

PROVA 9

COMPETENZA LINGUISTICA

Produrre testi di vario tipo in relazione ai differenti scopi comunicativi

COMPETENZE CHIAVE DI CITTADINANZA

Imparare a imparare
Comunicare
Individuare collegamenti e relazioni
Acquisire e interpretare l'informazione

OGGETTO

Scrittura di un testo argomentativo

TEMPO

120 minuti

NOME

COGNOME

CLASSE

DATA

CONSEGNA

Ti proponiamo alcuni documenti in cui si trovano informazioni e opinioni sul fenomeno dei Social Network *e in particolare di* Facebook. *Leggi con cura i testi, evidenziandone i concetti fondamentali. Metti a fuoco la tua opinione rispetto ai vantaggi e svantaggi di tali strumenti di comunicazione.*
Scrivi quindi un testo argomentativo, di almeno due facciate di foglio protocollo, in cui:

- *sia espressa con chiarezza la tua tesi;*
- *le argomentazioni siano strutturate secondo passaggi logici rigorosi;*
- *sia presente un numero adeguato di argomentazioni a favore della tua tesi;*
- *vi sia la confutazione di almeno un'argomentazione contraria alla tua tesi.*

DOCUMENTI

1

Facebook è un sito web di reti sociali, di proprietà della Facebook, Inc., ad accesso gratuito. È nel 2010 il secondo sito più visitato del mondo dopo Google. Secondo i dati forniti dal sito stesso, nel 2010 il numero degli utenti attivi ha raggiunto e superato quota 500 milioni in tutto il mondo. Il sito nel 2009 è divenuto profittevole segnando il primo bilancio in attivo.

Facebook è stato fondato il 4 febbraio 2004 da Mark Zuckerberg all'epoca studente diciannovenne presso l'Università di Harvard, con l'aiuto di Andrew McCollum e Eduardo Saverin. Per la fine del mese, più della metà della popolazione universitaria di Harvard era registrata al servizio. A quel tempo, Zuckerberg fu aiutato da Dustin Moskovitz e Chris Hughes per la promozione del sito e Facebook si espanse all'Università di Stanford, alla Columbia University e all'Università Yale. Questa espansione continuò nell'aprile del 2004 quando si estese al resto della Ivy League, al MIT, alla Boston University e al Boston College. Dall'11 settembre 2006, chiunque abbia più di 13 anni può parteciparvi. Dal luglio 2007 figura nella classifica dei 10 siti più visitati al mondo ed è il sito numero uno negli Stati Uniti per foto visualizzabili, con oltre 60 milioni di foto caricate settimanalmente.

In Italia c'è stato un boom nel 2008: nel mese di agosto si sono registrate oltre un milione e trecentomila visite, con un incremento annuo del 961%. Secondo i dati forniti da Facebook e raccolti nell'Osservatorio Facebook, gli utenti italiani nel mese di ottobre 2010 sono 17,3 milioni.

Tratto da http://it.wikipedia.org

2

Su Facebook bisogna essere presenti con nome e cognome affinché la cosa funzioni. Ma non solo bisogna fornire al sistema informazioni sulla propria residenza, sulle scuole che si è frequentato, sull'occupazione che si svolge. E poi si condividono foto, filmati, pensieri, opinioni politiche, religiose e sociali. Il sistema è fatto apposta per essere massimamente comprensivo in modo da raggiungere ogni possibile aspetto della vita degli individui. Ovviamente tutto ciò viene fatto con l'alibi di facilitare l'incontro delle persone riunendole per chiavi geografiche o sociali. Ma la domanda di fondo resta un'altra: chi ha accesso a queste informazioni? Facebook dà l'impressione che il controllo di tutto sia nelle mani dell'utente che può impostare a sua discrezione i livelli di accesso ad ogni parte del suo profilo. La realtà è ben diversa. Facebook ha infatti pieno diritto d'accesso e d'uso di tutti i dati inseriti e su tutto il materiale caricato sul sito. Qui mi preme sottolineare due aspetti. Uno, sui dati e sui contenuti caricati su Facebook si perde di fatto ogni controllo. Due, a discapito di tanta abbondanza di informazioni l'attendibilità dei profili rimane bassa. Clonare un account resta un'operazione semplicissima e non ci sono efficaci strumenti di controllo che evitino gli abusi. In sostanza chiunque può copiare dati ed immagini di un profilo e crearne uno identico con cui millantare una diversa identità.

Il valore di Facebook sta tutto nella sua popolarità e nell'enorme database di informazioni che ha a disposizione. Facebook non solo sa chi sei ma sa anche cosa ti piace, cosa odi, chi conosci, con chi comunichi, perfino quali sono le parole che usi più spesso.

Un vero paradiso che rende reale il sogno di ogni campagna di marketing: la pubblicità su misura. Sapere "chi conosce chi" e "chi fa cosa" vuol dire poter modellare una offerta pubblicitaria plasmata attorno al singolo soggetto e variabile a seconda degli eventi in programma o delle persone che questo incontrerà, o ancora dei luoghi che visiterà.

Tratto da http://oknotizie.virgilio.it

3

Microsoft ha reso i computer facili da usare. Google serve per trovare informazioni. YouTube per divertirsi. Ma Facebook ha qualcosa in più: è coinvolgente. Ci fa sorridere e arrabbiare, ci permette di postare fotografie per rivedere online la nostra vita, ci fa innervosire quando nessuno reagisce alle nostre battute e ridacchiare quando vediamo quanto sono ingrassati i nostri compagni di scuola. Il fatto che non ci sentiamo in imbarazzo a vivere tanta parte della nostra vita su Facebook rappresenta un cambiamento culturale enorme, specialmente se consideriamo che il 28 per cento degli utenti ha più di 34 anni e che questa è la fascia d'età in cui gli account aumentano più rapidamente. Facebook ha cambiato il nostro DNA sociale, abituandoci a essere più aperti. Ma si basa su una contraddizione. Da una parte favorisce l'intimità: ci permette di festeggiare insieme i primi passi della nostra nipotina o di piangere la morte di un amico. Dall'altra sta crescendo grazie al fatto che noi, in un modo o nell'altro, abbiamo deciso di mettere quei momenti di intimità in rete. I sentimenti che esprimiamo su Facebook sono sinceri, ma le informazioni che forniamo si trasformano in profitti per qualcun altro. La disponibilità degli utenti a condividere tutto è fondamentale per il successo di Facebook.

Tratto da Dan Fletcher, "Internazionale", 10 giugno 2010

INDICATORI PER LA VALUTAZIONE

1. evidenza e pertinenza della tesi da sostenere: **2** PUNTI
2. presenza di un numero adeguato di argomentazioni e della confutazione di almeno una controargomentazione: **4** PUNTI
3. coerenza logica nella strutturazione delle argomentazioni: **2** PUNTI
4. correttezza formale e precisione terminologica: **2** PUNTI

PUNTI	LIVELLO
0-5	Livello base non raggiunto
6	Livello base
7-8	Livello intermedio
9-10	Livello avanzato

PUNTEGGIO CONSEGUITO ______

LIVELLO ______

PROVA

10

NOME

COGNOME

CLASSE

DATA

COMPETENZA LINGUISTICA

Produrre testi di vario tipo in relazione ai differenti scopi comunicativi

COMPETENZE CHIAVE DI CITTADINANZA

Comunicare
Risolvere problemi
Acquisire e interpretare l'informazione

OGGETTO

Riscrittura di un testo narrativo in funzione di differenti scopi comunicativi

TEMPO

90 minuti

CONSEGNA

Leggi con attenzione il brano proposto per capire la situazione che viene raccontata. Poi scrivi due testi, ciascuno di una lunghezza di circa 200 parole, che riferiscano il medesimo evento da punti di vista diversi e in contesti differenti:

1. *relazione del comandante della nave agli uffici della Marina;*

2. *racconto a un amico di uno dei sopravvissuti della zattera.*

Tieni presente che ciascuno dei due narratori cercherà di sottolineare o di tralasciare uno o più aspetti in funzione dello scopo della sua narrazione. Prima di iniziare la stesura, scegli il registro linguistico da utilizzare.

L'*Alliance*

Quattordici giorni dopo essere salpata da Rochefort, la fregata l'*Alliance*, della marina francese, si arenò, per imperizia del comandante e imprecisione delle carte, in un banco di sabbia, al largo della costa del Senegal. I tentativi di liberare lo scafo risultarono inutili. Non rimase altro da fare che abbandonare la nave. Poiché le lance a disposizione non erano sufficienti per ospitare l'intero equipaggio, fu costruita e messa in acqua una zattera lunga una quarantina di piedi e larga la metà. Su di essa furono fatti salire 147 uomini: soldati, marinai, qualche passeggero, quattro ufficiali, un medico e un ingegnere cartografo. Il piano di evacuazione della nave prevedeva che le quattro lance a disposizione rimorchiassero la zattera fino a riva. Poco dopo aver abbandonato il relitto dell'*Alliance*, tuttavia, il panico e la confusione si impossessarono del convoglio che, lentamente, cercava di guadagnare la costa. Per viltà e inettitudine - nessuno riuscì mai a stabilire la verità - le lance persero contatto con la zattera. La fune di traino si spezzò. O qualcuno la tagliò. Le lance continuarono a procedere verso terra e la zattera fu abbandonata a se stessa. Neanche mezz'ora dopo, trascinata dalle correnti, era già scomparsa all'orizzonte.

Tratto da Alessandro Baricco, *Oceano mare*, Rizzoli

INDICATORI PER LA VALUTAZIONE

1. utilizzo del registro linguistico pertinente: **6** PUNTI
2. corretto utilizzo delle informazioni proposte: **2** PUNTI
3. correttezza formale e precisione terminologica: **2** PUNTI

PUNTI	LIVELLO
0-5	**Livello base non raggiunto**
6	**Livello base**
7-8	**Livello intermedio**
9-10	**Livello avanzato**

PUNTEGGIO CONSEGUITO ______________________

LIVELLO ______________________